GEORGIANO

VOCABULÁRIO

PALAVRAS MAIS ÚTEIS

PORTUGUÊS GEORGIANO

Para alargar o seu léxico e apurar as suas competências linguísticas

7000 palavras

Vocabulário Português-Georgiano - 7000 palavras

Por Andrey Taranov

Os vocabulários da T&P Books destinam-se a ajudar a aprender, a memorizar, e a rever palavras estrangeiras. O dicionário é dividido em temas, cobrindo todas as principais esferas de atividades quotidianas, negócios, ciência, cultura, etc.

O processo de aprendizagem, utilizando os dicionários baseados em temáticas da T&P Books dá-lhe as seguintes vantagens:

- Informação de origem corretamente agrupada predetermina o sucesso em fases subsequentes da memorização de palavras
- Disponibilização de palavras derivadas da mesma raiz, o que permite a memorização de unidades de texto (em vez de palavras separadas)
- Pequenas unidades de palavras facilitam o processo de estabelecimento de vínculos associativos necessários para a consolidação do vocabulário
- O nível de conhecimento da língua pode ser estimado pelo número de palavras aprendidas

T&P Books Publishing
www.tpbooks.com

ISBN: 978-1-78400-883-3

Este livro também está disponível em formato E-book.
Por favor visite www.tpbooks.com ou as principais livrarias on-line.

VOCABULÁRIO GEORGIANO
palavras mais úteis

Os vocabulários da T&P Books destinam-se a ajudar a aprender, a memorizar, e a rever palavras estrangeiras. O vocabulário contém mais de 7000 palavras de uso comum organizadas tematicamente.

O vocabulário contém as palavras mais comummente usadas
Recomendado como adicional para qualquer curso de línguas
Satisfaz as necessidades dos iniciados e dos alunos avançados de línguas estrangeiras
Conveniente para o uso diário, sessões de revisão e atividades de auto-teste
Permite avaliar o seu vocabulário

Características especias do vocabulário

- As palavras estão organizadas de acordo com o seu significado, e não por ordem alfabética
- As palavras são apresentadas em três colunas para facilitar os processos de revisão e auto-teste
- As palavras compostas são divididas em pequenos blocos para facilitar o processo de aprendizagem
- O vocabulário oferece uma transcrição simples e adequada de cada palavra estrangeira

O vocabulário contém 198 tópicos incluindo:

Conceitos básicos, Números, Cores, Meses, Estações do ano, Unidades de medida, Roupas & Acessórios, Alimentos & Nutrição, Restaurante, Membros da Família, Parentes, Caráter, Sentimentos, Emoções, Doenças, Cidade, Passeios, Compras, Dinheiro, Casa, Lar, Escritório, Trabalho no Escritório, Importação & Exportação, Marketing, Pesquisa de Emprego, Desportos, Educação, Computador, Internet, Ferramentas, Natureza, Países, Nacionalidades e muito mais ...

TABELA DE CONTEÚDOS

GUIA DE PRONUNCIAÇÃO

Letra	Exemplo Georgiano	Alfabeto fonético T&P	Exemplo Português
ა	აკადემია	[ɑ]	chamar
ბ	ბიოლოგია	[b]	barril
გ	გრამატიკა	[g]	gosto
დ	შუალედი	[d]	dentista
ე	ბედნიერი	[ɛ]	mesquita
ვ	ვერცხლი	[v]	fava
ზ	ზარი	[z]	sésamo
თ	თანაკლასელი	[th]	[t] aspirada
ი	ივლისი	[i]	sinónimo
კ	კამა	[k]	kiwi
ლ	ლანგარი	[l]	libra
მ	მარჯვენა	[m]	magnólia
ნ	ნაყინი	[n]	natureza
ო	ოსტატობა	[ɔ]	emboço
პ	პასპორტი	[p]	presente
ჟ	ჟიური	[ʒ]	talvez
რ	რეჟისორი	[r]	riscar
ს	სასმელი	[s]	sanita
ტ	ტურისტი	[t]	tulipa
უ	ურდული	[u]	bonita
ფ	ფაიფური	[ph]	[p] aspirada
ქ	ქალაქი	[kh]	[k] aspirada
ღ	ღილაკი	[ɣ]	agora
ყ	ყინული	[q]	teckel
შ	შედეგი	[ʃ]	mês
ჩ	ჩამჩა	[ʧh]	[tsch] aspirado
ც	ცურვა	[tsh]	[ts] aspirado
ძ	ძიძა	[ʣ]	pizza
წ	წამწამი	[ʦ]	tsé-tsé
ჭ	ჭანჭიკი	[ʧ]	Tchau!
ხ	ხარისხი	[ɦ]	[h] suave
ჯ	ჯიბე	[ʤ]	adjetivo
ჰ	ჰოკიჯოხა	[h]	[h] aspirada

ABREVIATURAS usadas no vocabulário

Abreviaturas do Português

adj	-	adjetivo
adv	-	advérbio
anim.	-	animado
conj.	-	conjunção
desp.	-	desporto
etc.	-	etecetra
ex.	-	por exemplo
f	-	nome feminino
f pl	-	feminino plural
fem.	-	feminino
inanim.	-	inanimado
m	-	nome masculino
m pl	-	masculino plural
m, f	-	masculino, feminino
masc.	-	masculino
mat.	-	matemática
mil.	-	militar
pl	-	plural
prep.	-	preposição
pron.	-	pronome
sb.	-	sobre
sing.	-	singular
v aux	-	verbo auxiliar
vi	-	verbo intransitivo
vi, vt	-	verbo intransitivo, transitivo
vr	-	verbo reflexivo
vt	-	verbo transitivo

CONCEITOS BÁSICOS

Conceitos básicos. Parte 1

1. Pronomes

eu	მე	me
tu	შენ	shen
ele, ela	ის	is
nós	ჩვენ	chven
vocês	თქვენ	tkven
eles, elas	ისინი	isini

2. Cumprimentos. Saudações. Despedidas

Olá!	გამარჯობა!	gamarjoba!
Bom dia! (formal)	გამარჯობათ!	gamarjobat!
Bom dia! (de manhã)	დილა მშვიდობისა!	dila mshvidobisa!
Boa tarde!	დღე მშვიდობისა!	dghe mshvidobisa!
Boa noite!	საღამო მშვიდობისა!	saghamo mshvidobisa!
cumprimentar (vt)	მისალმება	misalmeba
Olá!	სალამი!	salami!
saudação (f)	სალამი	salami
saudar (vt)	მისალმება	misalmeba
Como vai?	როგორ ხარ?	rogor khar?
O que há de novo?	რა არის ახალი?	ra aris akhali?
Até à vista!	ნახვამდის!	nakhvamdis!
Até breve!	მომავალ შეხვედრამდე!	momaval shekhvedramde!
Adeus!	მშვიდობით!	mshvidobit!
despedir-se (vr)	გამომშვიდობება	gamomshvidobeba
Até logo!	კარგად!	k'argad!
Obrigado! -a!	გმადლობთ!	gmadlobt!
Muito obrigado! -a!	დიდი მადლობა!	didi madloba!
De nada	არაფრის	arapris
Não tem de quê	მადლობად არ ღირს	madlobad ar ghirs
De nada	არაფრის	arapris
Desculpa! -pe!	ბოდიში!	bodishi!
desculpar (vt)	პატიება	p'at'ieba
desculpar-se (vr)	ბოდიშის მოხდა	bodishis mokhda
As minhas desculpas	ბოდიში	bodishi
Desculpe!	მაპატიეთ!	map'at'iet!

perdoar (vt)	პატიება	p'at'ieba
Não faz mal	არა უშავს.	ara ushavs.
por favor	გეთაყვა	getaqva
Não se esqueça!	არ დაგავიწყდეთ!	ar dagavits'qdet!
Certamente! Claro!	რა თქმა უნდა!	ra tkma unda!
Claro que não!	რა თქმა უნდა, არა!	ra tkma unda, ara!
Está bem! De acordo!	თანახმა ვარ!	tanakhma var!
Basta!	საკმარისია!	sak'marisia!

3. Números cardinais. Parte 1

zero	ნული	nuli
um	ერთი	erti
dois	ორი	ori
três	სამი	sami
quatro	ოთხი	otkhi
cinco	ხუთი	khuti
seis	ექვსი	ekvsi
sete	შვიდი	shvidi
oito	რვა	rva
nove	ცხრა	tskhra
dez	ათი	ati
onze	თერთმეტი	tertmet'i
doze	თორმეტი	tormet'i
treze	ცამეტი	tsamet'i
catorze	თოთხმეტი	totkhmet'i
quinze	თხუთმეტი	tkhutmet'i
dezasseis	თექვსმეტი	tekvsmet'i
dezassete	ჩვიდმეტი	chvidmet'i
dezoito	თვრამეტი	tvramet'i
dezanove	ცხრამეტი	tskhramet'i
vinte	ოცი	otsi
vinte e um	ოცდაერთი	otsdaerti
vinte e dois	ოცდაორი	otsdaori
vinte e três	ოცდასამი	otsdasami
trinta	ოცდაათი	otsdaati
trinta e um	ოცდათერთმეტი	otsdatertmet'i
trinta e dois	ოცდათორმეტი	otsdatormet'i
trinta e três	ოცდაცამეტი	otsdatsamet'i
quarenta	ორმოცი	ormotsi
quarenta e um	ორმოცდაერთი	ormotsdaerti
quarenta e dois	ორმოცდაორი	ormotsdaori
quarenta e três	ორმოცდასამი	ormotsdasami
cinquenta	ორმოცდაათი	ormotsdaati
cinquenta e um	ორმოცდათერთმეტი	ormotsdatertmet'i
cinquenta e dois	ორმოცდათორმეტი	ormotsdatormet'i

cinquenta e três	ორმოცდაცამეტი	ormotsdatsamet'i
sessenta	სამოცი	samotsi
sessenta e um	სამოცდაერთი	samotsdaerti
sessenta e dois	სამოცდაორი	samotsdaori
sessenta e três	სამოცდასამი	samotsdasami
setenta	სამოცდაათი	samotsdaati
setenta e um	სამოცდათერთმეტი	samotsdatertmet'i
setenta e dois	სამოცდათორმეტი	samotsdatormet'i
setenta e três	სამოცდაცამეტი	samotsdatsamet'i
oitenta	ოთხმოცი	otkhmotsi
oitenta e um	ოთხმოცდაერთი	otkhmotsdaerti
oitenta e dois	ოთხმოცდაორი	otkhmotsdaori
oitenta e três	ოთხმოცდასამი	otkhmotsdasami
noventa	ოთხმოცდაათი	otkhmotsdaati
noventa e um	ოთხმოცდათერთმეტი	otkhmotsdatertmet'i
noventa e dois	ოთხმოცდათორმეტი	otkhmotsdatormet'i
noventa e três	ოთხმოცდაცამეტი	otkhmotsdatsamet'i

4. Números cardinais. Parte 2

cem	ასი	asi
duzentos	ორასი	orasi
trezentos	სამასი	samasi
quatrocentos	ოთხასი	otkhasi
quinhentos	ხუთასი	khutasi
seiscentos	ექვსასი	ekvsasi
setecentos	შვიდასი	shvidasi
oitocentos	რვაასი	rvaasi
novecentos	ცხრაასი	tskhraasi
mil	ათასი	atasi
dois mil	ორი ათასი	ori atasi
De quem são ...?	სამი ათასი	sami atasi
dez mil	ათი ათასი	ati atasi
cem mil	ასი ათასი	asi atasi
um milhão	მილიონი	milioni
mil milhões	მილიარდი	miliardi

5. Números. Frações

fração (f)	წილადი	ts'iladi
um meio	ერთი მეორედი	erti meoredi
um terço	ერთი მესამედი	erti mesamedi
um quarto	ერთი მეოთხედი	erti meotkhedi
um oitavo	ერთი მერვედი	erti mervedi
um décimo	ერთი მეათედი	erti meatedi
dois terços	ორი მესამედი	ori mesamedi
três quartos	სამი მეოთხედი	sami meotkhedi

6. Números. Operações básicas

subtração (f)	გამოკლება	gamok'leba
subtrair (vi, vt)	გამოკლება	gamok'leba
divisão (f)	გაყოფა	gaqopa
dividir (vt)	გაყოფა	gaqopa
adição (f)	შეკრება	shek'reba
somar (vt)	შეკრება	shek'reba
adicionar (vt)	მიმატება	mimat'eba
multiplicação (f)	გამრავლება	gamravleba
multiplicar (vt)	გამრავლება	gamravleba

7. Números. Diversos

algarismo, dígito (m)	ციფრი	tsipri
número (m)	რიცხვი	ritskhvi
numeral (m)	რიცხვითი სახელი	ritskhviti sakheli
menos (m)	მინუსი	minusi
mais (m)	პლიუსი	p'liusi
fórmula (f)	ფორმულა	pormula
cálculo (m)	გამოანგარიშება	gamoangarisheba
contar (vt)	დათვლა	datvla
calcular (vt)	დათვლა	datvla
comparar (vt)	შედარება	shedareba
Quanto, -os, -as?	რამდენი?	ramdeni?
soma (f)	ჯამი	jami
resultado (m)	შედეგი	shedegi
resto (m)	ნაშთი	nashti
alguns, algumas ...	რამდენიმე	ramdenime
um pouco de ...	ცოტაოდენი ...	tsot'aodeni ...
resto (m)	დანარჩენი	danarcheni
um e meio	ერთ-ნახევარი	ert-nakhevari
dúzia (f)	დუჟინი	duzhini
ao meio	შუაზე	shuaze
em partes iguais	თანაბრად	tanabrad
metade (f)	ნახევარი	nakhevari
vez (f)	ჯერ	jer

8. Os verbos mais importantes. Parte 1

abrir (vt)	გაღება	gagheba
acabar, terminar (vt)	დამთავრება	damtavreba
aconselhar (vt)	რჩევა	rcheva
adivinhar (vt)	გამოცნობა	gamotsnoba
advertir (vt)	გაფრთხილება	gaprtkhileba
ajudar (vt)	დახმარება	dakhmareba

almoçar (vi)	სადილობა	sadiloba
alugar (~ um apartamento)	დაქირავება	dakiraveba
amar (vt)	სიყვარული	siqvaruli
ameaçar (vt)	დამუქრება	damukreba
anotar (escrever)	ჩაწერა	chats'era
apanhar (vt)	ჭერა	ch'era
apressar-se (vr)	აჩქარება	achkareba
arrepender-se (vr)	სინანული	sinanuli
assinar (vt)	ხელის მოწერა	khelis mots'era
atirar, disparar (vi)	სროლა	srola
brincar (vi)	ხუმრობა	khumroba
brincar, jogar (crianças)	თამაში	tamashi
buscar (vt)	ძებნა	dzebna
caçar (vi)	ნადირობა	nadiroba
cair (vi)	ვარდნა	vardna
cavar (vt)	თხრა	tkhra
cessar (vt)	შეწყვეტა	shets'qvet'a
chamar (~ por socorro)	დაძახება	dadzakheba
chegar (vi)	ჩამოსვლა	chamosvla
chorar (vi)	ტირილი	t'irili
comparar (vt)	შედარება	shedareba
compreender (vt)	გაგება	gageba
concordar (vi)	დათანხმება	datankhmeba
confiar (vt)	ნდობა	ndoba
confundir (equivocar-se)	არევა	areva
conhecer (vt)	ცნობა	tsnoba
contar (fazer contas)	დათვლა	datvla
contar com (esperar)	იმედის ქონა	imedis kona
continuar (vt)	გაგრძელება	gagrdzeleba
controlar (vt)	კონტროლის გაწევა	k'ont'rolis gats'eva
convidar (vt)	მოწვევა	mots'veva
correr (vi)	გაქცევა	gaktseva
criar (vt)	შექმნა	shekmna
custar (vt)	ღირება	ghireba

9. Os verbos mais importantes. Parte 2

dar (vt)	მიცემა	mitsema
dar uma dica	კარნახი	k'arnakhi
decorar (enfeitar)	მორთვა	mortva
defender (vt)	დაცვა	datsva
deixar cair (vt)	ხელიდან გავარდნა	khelidan gavardna
descer (para baixo)	ჩასვლა	chasvla
desculpar-se (vr)	ბოდიშის მოხდა	bodishis mokhda
dirigir (~ uma empresa)	ხელმძღვანელობა	khelmdzghvaneloba
discutir (notícias, etc.)	განხილვა	gankhilva
dizer (vt)	თქმა	tkma

duvidar (vt)	დაეჭვება	daech'veba
encontrar (achar)	პოვნა	p'ovna
enganar (vt)	მოტყუება	mot'queba
entrar (na sala, etc.)	შემოსვლა	shemosvla
enviar (uma carta)	გაგზავნა	gagzavna
errar (equivocar-se)	შეცდომა	shetsdoma
escolher (vt)	არჩევა	archeva
esconder (vt)	დამალვა	damalva
escrever (vt)	წერა	ts'era
esperar (o autocarro, etc.)	ლოდინი	lodini
esperar (ter esperança)	იმედოვნება	imedovneba
esquecer (vt)	დავიწყება	davits'qeba
estudar (vt)	შესწავლა	shests'avla
exigir (vt)	მოთხოვნა	motkhovna
existir (vi)	არსებობა	arseboba
explicar (vt)	ახსნა	akhsna
falar (vi)	ლაპარაკი	lap'arak'i
faltar (clases, etc.)	გაცდენა	gatsdena
fazer (vt)	კეთება	k'eteba
ficar em silêncio	დუმილი	dumili
gabar-se, jactar-se (vr)	ტრაბახი	t'rabakhi
gostar (apreciar)	მოწონება	mots'oneba
gritar (vi)	ყვირილი	qvirili
guardar (cartas, etc.)	შენახვა	shenakhva
informar (vt)	ინფორმირება	inpormireba
insistir (vi)	დაჟინება	dazhineba
insultar (vt)	შეურაცხყოფა	sheuratskhqopa
interessar-se (vr)	დაინტერესება	daint'ereseba
ir (a pé)	სვლა	svla
ir nadar	ბანაობა	banaoba
jantar (vi)	ვახშმობა	vakhshmoba

10. Os verbos mais importantes. Parte 3

ler (vt)	კითხვა	k'itkhva
libertar (cidade, etc.)	გათავისუფლება	gatavisupleba
matar (vt)	მოკვლა	mok'vla
mencionar (vt)	ხსენება	khseneba
mostrar (vt)	ჩვენება	chveneba
mudar (modificar)	შეცვლა	shetsvla
nadar (vi)	ცურვა	tsurva
negar-se a ...	უარის თქმა	uaris tkma
objetar (vt)	წინააღმდეგ ყოფნა	ts'inaaghmdeg qopna
observar (vt)	დაკვირვება	dak'virveba
ordenar (mil.)	ბრძანება	brdzaneba
ouvir (vt)	სმენა	smena
pagar (vt)	გადახდა	gadakhda
parar (vi)	გაჩერება	gachereba

participar (vi)	მონაწილეობა	monats'ileoba
pedir (comida)	შეკვეთა	shek'veta
pedir (um favor, etc.)	თხოვნა	tkhovna
pegar (tomar)	აღება	agheba
pensar (vt)	ფიქრი	pikri
perceber (ver)	შენიშვნა	shenishvna
perdoar (vt)	პატიება	p'at'ieba
perguntar (vt)	კითხვა	k'itkhva
permitir (vt)	ნების დართვა	nebis dartva
pertencer a ...	კუთვნება	k'utvneba
planear (vt)	დაგეგმვა	dagegmva
poder (vi)	შეძლება	shedzleba
possuir (vt)	ფლობა	ploba
preferir (vt)	მჯობინება	mjobineba
preparar (vt)	მზადება	mzadeba
prever (vt)	გათვალისწინება	gatvalists'ineba
prometer (vt)	დაპირება	dap'ireba
pronunciar (vt)	წარმოთქმა	ts'armotkma
propor (vt)	შეთავაზება	shetavazeba
punir (castigar)	დასჯა	dasja

11. Os verbos mais importantes. Parte 4

quebrar (vt)	ტეხა	t'ekha
queixar-se (vr)	ჩივილი	chivili
querer (desejar)	ნდომა	ndoma
recomendar (vt)	რეკომენდაციის მიცემა	rek'omendatsiis mitsema
repetir (dizer outra vez)	გამეორება	gameoreba
repreender (vt)	ლანძღვა	landzghva
reservar (~ um quarto)	რეზერვირება	rezervireba
responder (vt)	პასუხის გაცემა	p'asukhis gatsema
rezar, orar (vi)	ლოცვა	lotsva
rir (vi)	სიცილი	sitsili
roubar (vt)	პარვა	p'arva
saber (vt)	ცოდნა	tsodna
sair (~ de casa)	გამოსვლა	gamosvla
salvar (vt)	გადარჩენა	gadarchena
seguir ...	მიდევნა	midevna
sentar-se (vr)	დაჯდომა	dajdoma
ser necessário	საჭიროება	sach'iroeba
ser, estar	ყოფნა	qopna
significar (vt)	აღნიშვნა	aghnishvna
sorrir (vi)	გაღიმება	gaghimeba
subestimar (vt)	არშეფასება	arshepaseba
surpreender-se (vr)	გაკვირვება	gak'virveba
tentar (vt)	ცდა	tsda
ter (anim.)	ყოლა	qola

ter (inanim.)	ქონა	kona
ter medo	შიში	shishi
tocar (com as mãos)	ხელის ხლება	khelis khleba
tomar o pequeno-almoço	საუზმობა	sauzmoba
trabalhar (vi)	მუშაობა	mushaoba
traduzir (vt)	თარგმნა	targmna
unir (vt)	გაერთიანება	gaertianeba
vender (vt)	გაყიდვა	gaqidva
ver (vt)	ხედვა	khedva
virar (ex. ~ à direita)	მობრუნება	mobruneba
voar (vi)	ფრენა	prena

12. Cores

cor (f)	ფერი	peri
matiz (m)	ელფერი	elperi
tom (m)	ტონი	t'oni
arco-íris (m)	ცისარტყელა	tsisart'qela
branco	თეთრი	tetri
preto	შავი	shavi
cinzento	რუხი	rukhi
verde	მწვანე	mts'vane
amarelo	ყვითელი	qviteli
vermelho	წითელი	ts'iteli
azul	ლურჯი	lurji
azul claro	ცისფერი	tsisperi
rosa	ვარდისფერი	vardisperi
laranja	ნარინჯისფერი	narinjisperi
violeta	იისფერი	iisperi
castanho	ყავისფერი	qavisperi
dourado	ოქროსფერი	okrosperi
prateado	ვერცხლისფერი	vertskhlisperi
bege	ჩალისფერი	chalisperi
creme	კრემისფერი	k'remisperi
turquesa	ფირუზისფერი	piruzisperi
vermelho cereja	ალუბლისფერი	alublisperi
lilás	ლილისფერი	lilisperi
carmesim	ჟოლოსფერი	zholosperi
claro	ღია ფერისა	ghia perisa
escuro	მუქი	muki
vivo	კაშკაშა	k'ashk'asha
de cor	ფერადი	peradi
a cores	ფერადი	peradi
preto e branco	შავ-თეთრი	shav-tetri
unicolor	ერთფეროვანი	ertperovani
multicor	მრავალფეროვანი	mravalperovani

13. Questões

Quem?	ვინ?	vin?
Que?	რა?	ra?
Onde?	სად?	sad?
Para onde?	სად?	sad?
De onde?	საიდან?	saidan?
Quando?	როდის?	rodis?
Para quê?	რისთვის?	ristvis?
Porquê?	რატომ?	rat'om?
Para quê?	რისთვის?	ristvis?
Como?	როგორ?	rogor?
Qual?	როგორი?	rogori?
Qual? (entre dois ou mais)	რომელი?	romeli?
A quem?	ვის?	vis?
Sobre quem?	ვიზე?	vize?
Do quê?	რაზე?	raze?
Com quem?	ვისთან ერთად?	vistan ertad?
Quanto, -os, -as?	რამდენი?	ramdeni?
De quem? (masc.)	ვისი?	visi?

14. Palavras funcionais. Advérbios. Parte 1

Onde?	სად?	sad?
aqui	აქ	ak
lá, ali	იქ	ik
em algum lugar	სადღაც	sadghats
em lugar nenhum	არსად	arsad
ao pé de ...	-თან	-tan
ao pé da janela	ფანჯარასთან	panjarastan
Para onde?	სად?	sad?
para cá	აქ	ak
para lá	იქ	ik
daqui	აქედან	akedan
de lá, dali	იქიდან	ikidan
perto	ახლოს	akhlos
longe	შორს	shors
perto de ...	გვერდით	gverdit
ao lado de	გვერდით	gverdit
perto, não fica longe	ახლო	akhlo
esquerdo	მარცხენა	martskhena
à esquerda	მარცხნივ	martskhniv
para esquerda	მარცხნივ	martskhniv
direito	მარჯვენა	marjvena

à direita	მარჯვნივ	marjvniv
para direita	მარჯვნივ	marjvniv
à frente	წინ	ts'in
da frente	წინა	ts'ina
em frente (para a frente)	წინ	ts'in
atrás de ...	უკან	uk'an
por detrás (vir ~)	უკნიდან	uk'nidan
para trás	უკან	uk'an
meio (m), metade (f)	შუა	shua
no meio	შუაში	shuashi
de lado	გვერდიდან	gverdidan
em todo lugar	ყველგან	qvelgan
ao redor (olhar ~)	გარშემო	garshemo
de dentro	შიგნიდან	shignidan
para algum lugar	სადღაც	sadghats
diretamente	პირდაპირ	p'irdap'ir
de volta	უკან	uk'an
de algum lugar	საიდანმე	saidanme
de um lugar	საიდანღაც	saidanghats
em primeiro lugar	პირველ რიგში	p'irvel rigshi
em segundo lugar	მეორედ	meored
em terceiro lugar	მესამედ	mesamed
de repente	უცებ	utseb
no início	თავდაპირველად	tavdap'irvelad
pela primeira vez	პირველად	p'irvelad
muito antes de ...	დიდი ხნით ადრე	didi khnit adre
de novo, novamente	ხელახლა	khelakhla
para sempre	სამუდამოდ	samudamod
nunca	არასდროს	arasdros
de novo	ისევ	isev
agora	ახლა	akhla
frequentemente	ხშირად	khshirad
então	მაშინ	mashin
urgentemente	სასწრაფოდ	sasts'rapod
usualmente	ჩვეულებრივად	chveulebrivad
a propósito, ...	სხვათა შორის	skhvata shoris
é possível	შესაძლოა	shesadzloa
provavelmente	ალბათ	albat
talvez	შეიძლება	sheidzleba
além disso, ...	ამას გარდა, ...	amas garda, ...
por isso ...	ამიტომ	amit'om
apesar de ...	მიუხედავად	miukhedavad
graças a ...	წყალობით	ts'qalobit
que (pron.)	რა	ra
que (conj.)	რომ	rom

algo	რაღაც	raghats
alguma coisa	რაიმე	raime
nada	არაფერი	araperi
quem	ვინ	vin
alguém (~ teve uma ideia ...)	ვიღაც	vighats
alguém	ვინმე	vinme
ninguém	არავინ	aravin
para lugar nenhum	არსად	arsad
de ninguém	არავისი	aravisi
de alguém	ვინმესი	vinmesi
tão	ასე	ase
também (gostaria ~ de ...)	აგრეთვე	agretve
também (~ eu)	-ც	-ts

15. Palavras funcionais. Advérbios. Parte 2

Porquê?	რატომ?	rat'om?
por alguma razão	რატომღაც	rat'omghats
porque ...	იმიტომ, რომ ...	imit'om, rom ...
por qualquer razão	რატომღაც	rat'omghats
e (tu ~ eu)	და	da
ou (ser ~ não ser)	ან	an
mas (porém)	მაგრამ	magram
para (~ a minha mãe)	-თვის	-tvis
demasiado, muito	მეტისმეტად	met'ismet'ad
só, somente	მხოლოდ	mkholod
exatamente	ზუსტად	zust'ad
cerca de (~ 10 kg)	თითქმის	titkmis
aproximadamente	დაახლოებით	daakhloebit
aproximado	დაახლოებითი	daakhloebiti
quase	თითქმის	titkmis
resto (m)	დანარჩენი	danarcheni
cada	ყოველი	qoveli
qualquer	ნებისმიერი	nebismieri
muito	ბევრი	bevri
muitas pessoas	ბევრნი	bevrni
todos	ყველა	qvela
em troca de ...	ნაცვლად	natsvlad
em troca	ნაცვლად	natsvlad
à mão	ხელით	khelit
pouco provável	საეჭვოა	saech'voa
provavelmente	ალბათ	albat
de propósito	განზრახ	ganzrakh
por acidente	შემთხვევით	shemtkhvevit
muito	ძალიან	dzalian

por exemplo	მაგალითად	magalitad
entre	შორის	shoris
entre (no meio de)	შორის	shoris
tanto	ამდენი	amdeni
especialmente	განსაკუთრებით	gansak'utrebit

Conceitos básicos. Parte 2

16. Opostos

rico	მდიდარი	mdidari
pobre	ღარიბი	gharibi
doente	ავადმყოფი	avadmqopi
são	ჯანმრთელი	janmrteli
grande	დიდი	didi
pequeno	პატარა	p'at'ara
rapidamente	სწრაფად	sts'rapad
lentamente	ნელა	nela
rápido	სწრაფი	sts'rapi
lento	ნელი	neli
alegre	მხიარული	mkhiaruli
triste	სევდიანი	sevdiani
juntos	ერთად	ertad
separadamente	ცალ-ცალკე	tsal-tsalk'e
em voz alta (ler ~)	ხმამაღლა	khmamaghla
para si (em silêncio)	თავისთვის	tavistvis
alto	მაღალი	maghali
baixo	დაბალი	dabali
profundo	ღრმა	ghrma
pouco fundo	წყალმცირე	ts'qalmtsire
sim	დიახ	diakh
não	არა	ara
distante (no espaço)	შორეული	shoreuli
próximo	ახლო	akhlo
longe	შორს	shors
perto	ახლოს	akhlos
longo	გრძელი	grdzeli
curto	მოკლე	mok'le
bom, bondoso	კეთილი	k'etili
mau	ბოროტი	borot'i
casado	ცოლიანი	tsoliani

solteiro	უცოლო	utsolo
proibir (vt)	აკრძალვა	ak'rdzalva
permitir (vt)	ნების დართვა	nebis dartva
fim (m)	ბოლო	bolo
começo (m)	დასაწყისი	dasats'qisi
esquerdo	მარცხენა	martskhena
direito	მარჯვენა	marjvena
primeiro	პირველი	p'irveli
último	ბოლო	bolo
crime (m)	დანაშაული	danashauli
castigo (m)	სასჯელი	sasjeli
ordenar (vt)	ბრძანება	brdzaneba
obedecer (vt)	დამორჩილება	damorchileba
reto	სწორი	sts'ori
curvo	მრუდი	mrudi
paraíso (m)	სამოთხე	samotkhe
inferno (m)	ჯოჯოხეთი	jojokheti
nascer (vi)	დაბადება	dabadeba
morrer (vi)	მოკვდომა	mok'vdoma
forte	ძლიერი	dzlieri
fraco, débil	სუსტი	sust'i
idoso	ძველი	dzveli
jovem	ახალგაზრდა	akhalgazrda
velho	ძველი	dzveli
novo	ახალი	akhali
duro	მაგარი	magari
mole	რბილი	rbili
tépido	თბილი	tbili
frio	ცივი	tsivi
gordo	მსუქანი	msukani
magro	გამხდარი	gamkhdari
estreito	ვიწრო	vits'ro
largo	განიერი	ganieri
bom	კარგი	k'argi
mau	ცუდი	tsudi
valente	მამაცი	mamatsi
cobarde	მშიშარა	mshishara

17. Dias da semana

segunda-feira (f)	ორშაბათი	orshabati
terça-feira (f)	სამშაბათი	samshabati
quarta-feira (f)	ოთხშაბათი	otkhshabati
quinta-feira (f)	ხუთშაბათი	khutshabati
sexta-feira (f)	პარასკევი	p'arask'evi
sábado (m)	შაბათი	shabati
domingo (m)	კვირა	k'vira
hoje	დღეს	dghes
amanhã	ხვალ	khval
depois de amanhã	ზეგ	zeg
ontem	გუშინ	gushin
anteontem	გუშინწინ	gushints'in
dia (m)	დღე	dghe
dia (m) de trabalho	სამუშაო დღე	samushao dghe
feriado (m)	სადღესასწაულო დღე	sadghesasts'aulo dghe
dia (m) de folga	დასვენების დღე	dasvenebis dghe
fim (m) de semana	დასვენების დღეები	dasvenebis dgheebi
o dia todo	მთელი დღე	mteli dghe
no dia seguinte	მომდევნო დღეს	momdevno dghes
há dois dias	ორი დღის წინ	ori dghis ts'in
na véspera	წინადღეს	ts'inadghes
diário	ყოველდღიური	qoveldghiuri
todos os dias	ყოველდღიურად	qoveldghiurad
semana (f)	კვირა	k'vira
na semana passada	გასულ კვირას	gasul k'viras
na próxima semana	მომდევნო კვირას	momdevno k'viras
semanal	ყოველკვირეული	qovelk'vireuli
cada semana	ყოველკვირეულად	qovelk'vireulad
duas vezes por semana	კვირაში ორჯერ	k'virashi orjer
cada terça-feira	ყოველ სამშაბათს	qovel samshabats

18. Horas. Dia e noite

manhã (f)	დილა	dila
de manhã	დილით	dilit
meio-dia (m)	შუადღე	shuadghe
à tarde	სადილის შემდეგ	sadilis shemdeg
noite (f)	საღამო	saghamo
à noite (noitinha)	საღამოს	saghamos
noite (f)	ღამე	ghame
à noite	ღამით	ghamit
meia-noite (f)	შუაღამე	shuaghame
segundo (m)	წამი	ts'ami
minuto (m)	წუთი	ts'uti
hora (f)	საათი	saati

meia hora (f)	ნახევარი საათი	nakhevari saati
quarto (m) de hora	თხუთმეტი წუთი	tkhutmet'i ts'uti
quinze minutos	თხუთმეტი წუთი	tkhutmet'i ts'uti
vinte e quatro horas	დღე-ღამე	dghe-ghame
nascer (m) do sol	მზის ამოსვლა	mzis amosvla
amanhecer (m)	განთიადი	gantiadi
madrugada (f)	ადრიანი დილა	adriani dila
pôr do sol (m)	მზის ჩასვლა	mzis chasvla
de madrugada	დილით ადრე	dilit adre
hoje de manhã	დღეს დილით	dghes dilit
amanhã de manhã	ხვალ დილით	khval dilit
hoje à tarde	დღეს	dghes
à tarde	სადილის შემდეგ	sadilis shemdeg
amanhã à tarde	ხვალ სადილის შემდეგ	khval sadilis shemdeg
hoje à noite	დღეს საღამოს	dghes saghamos
amanhã à noite	ხვალ საღამოს	khval saghamos
às três horas em ponto	ზუსტად სამ საათზე	zust'ad sam saatze
por volta das quatro	დაახლოებით ოთხი საათი	daakhloebit otkhi saati
às doze	თორმეტი საათისთვის	tormet'i saatistvis
dentro de vinte minutos	ოც წუთში	ots ts'utshi
dentro duma hora	ერთ საათში	ert saatshi
a tempo	დროულად	droulad
menos um quarto	თხუთმეტი წუთი აკლია	tkhutmet'i ts'uti ak'lia
durante uma hora	საათის განმავლობაში	saatis ganmavlobashi
a cada quinze minutos	ყოველ თხუთმეტ წუთში	qovel tkhutmet' ts'utshi
as vinte e quatro horas	დღე-ღამის განმავლობაში	dghe-ghamis ganmavlobashi

19. Meses. Estações

janeiro (m)	იანვარი	ianvari
fevereiro (m)	თებერვალი	tebervali
março (m)	მარტი	mart'i
abril (m)	აპრილი	ap'rili
maio (m)	მაისი	maisi
junho (m)	ივნისი	ivnisi
julho (m)	ივლისი	ivlisi
agosto (m)	აგვისტო	agvist'o
setembro (m)	სექტემბერი	sekt'emberi
outubro (m)	ოქტომბერი	okt'omberi
novembro (m)	ნოემბერი	noemberi
dezembro (m)	დეკემბერი	dek'emberi
primavera (f)	გაზაფხული	gazapkhuli
na primavera	გაზაფხულზე	gazapkhulze
primaveril	გაზაფხულისა	gazapkhulisa
verão (m)	ზაფხული	zapkhuli

no verão	ზაფხულში	zapkhulshi
de verão	ზაფხულისა	zapkhulisa
outono (m)	შემოდგომა	shemodgoma
no outono	შემოდგომაზე	shemodgomaze
outonal	შემოდგომისა	shemodgomisa
inverno (m)	ზამთარი	zamtari
no inverno	ზამთარში	zamtarshi
de inverno	ზამთრის	zamtris
mês (m)	თვე	tve
este mês	ამ თვეში	am tveshi
no próximo mês	მომდევნო თვეს	momdevno tves
no mês passado	გასულ თვეს	gasul tves
há um mês	ერთი თვის წინ	erti tvis ts'in
dentro de um mês	ერთი თვის შემდეგ	erti tvis shemdeg
dentro de dois meses	ორი თვის შემდეგ	ori tvis shemdeg
todo o mês	მთელი თვე	mteli tve
um mês inteiro	მთელი თვე	mteli tve
mensal	ყოველთვიური	qoveltviuri
mensalmente	ყოველთვიურად	qoveltviurad
cada mês	ყოველ თვე	qovel tve
duas vezes por mês	თვეში ორჯერ	tveshi orjer
ano (m)	წელი	ts'eli
este ano	წელს	ts'els
no próximo ano	მომავალ წელს	momaval ts'els
no ano passado	შარშან	sharshan
há um ano	ერთი წლის წინ	erti ts'lis ts'in
dentro dum ano	ერთი წლის შემდეგ	erti ts'lis shemdeg
dentro de 2 anos	ორი წლის შემდეგ	ori ts'lis shemdeg
todo o ano	მთელი წელი	mteli ts'eli
um ano inteiro	მთელი წელი	mteli ts'eli
cada ano	ყოველ წელს	qovel ts'els
anual	ყოველწლიური	qovelts'liuri
anualmente	ყოველწლიურად	qovelts'liurad
quatro vezes por ano	წელიწადში ოთხჯერ	ts'elits'adshi otkhjer
data (~ de hoje)	რიცხვი	ritskhvi
data (ex. ~ de nascimento)	თარიღი	tarighi
calendário (m)	კალენდარი	k'alendari
meio ano	ნახევარი წელი	nakhevari ts'eli
seis meses	ნახევარწელი	nakhevarts'eli
estação (f)	სეზონი	sezoni
século (m)	საუკუნე	sauk'une

20. Tempo. Diversos

tempo (m)	დრო	dro
momento (m)	წამი	ts'ami

instante (m)	წამი	ts'ami
instantâneo	წამიერი	ts'amieri
lapso (m) de tempo	მონაკვეთი	monak'veti
vida (f)	სიცოცხლე	sitsotskhle
eternidade (f)	მარადისობა	maradisoba
época (f)	ეპოქა	ep'oka
era (f)	ერა	era
ciclo (m)	ციკლი	tsik'li
período (m)	პერიოდი	p'eriodi
prazo (m)	ვადა	vada
futuro (m)	მომავალი	momavali
futuro	მომავალი	momavali
da próxima vez	შემდგომში	shemdgomshi
passado (m)	წარსული	ts'arsuli
passado	წარსული	ts'arsuli
na vez passada	ამას წინათ	amas ts'inat
mais tarde	მოგვიანებით	mogvianebit
depois	შემდეგ	shemdeg
atualmente	ამჟამად	amzhamad
agora	ახლა	akhla
imediatamente	დაუყოვნებლივ	dauqovnebliv
em breve, brevemente	მალე	male
de antemão	წინასწარ	ts'inasts'ar
há muito tempo	დიდი ხნის წინ	didi khnis ts'in
há pouco tempo	ახლახან	akhlakhan
destino (m)	ბედი	bedi
recordações (f pl)	მეხსიერება	mekhsiereba
arquivo (m)	არქივი	arkivi
durante ...	... დროს	... dros
durante muito tempo	დიდხანს	didkhans
pouco tempo	ცოტა ხანს	tsot'a khans
cedo (levantar-se ~)	ადრე	adre
tarde (deitar-se ~)	გვიან	gvian
para sempre	სამუდამოდ	samudamod
começar (vt)	დაწყება	dats'qeba
adiar (vt)	გადატანა	gadat'ana
simultaneamente	ერთდროულად	ertdroulad
permanentemente	მუდმივად	mudmivad
constante (ruído, etc.)	მუდმივი	mudmivi
temporário	დროებითი	droebiti
às vezes	ზოგჯერ	zogjer
raramente	იშვიათად	ishviatad
frequentemente	ხშირად	khshirad

21. Linhas e formas

quadrado (m)	კვადრატი	k'vadrat'i
quadrado	კვადრატული	k'vadrat'uli

círculo (m)	წრე	ts're
redondo	მრგვალი	mrgvali
triângulo (m)	სამკუთხედი	samk'utkhedi
triangular	სამკუთხა	samk'utkha
oval (f)	ოვალი	ovali
oval	ოვალური	ovaluri
retângulo (m)	მართკუთხედი	martk'utkhedi
retangular	მართკუთხა	martk'utkha
pirâmide (f)	პირამიდა	p'iramida
rombo, losango (m)	რომბი	rombi
trapézio (m)	ტრაპეცია	t'rap'etsia
cubo (m)	კუბი	k'ubi
prisma (m)	პრიზმა	p'rizma
circunferência (f)	წრეხაზი	ts'rekhazi
esfera (f)	სფერო	spero
globo (m)	სფერო	spero
diâmetro (m)	დიამეტრი	diamet'ri
raio (m)	რადიუსი	radiusi
perímetro (m)	პერიმეტრი	p'erimet'ri
centro (m)	ცენტრი	tsent'ri
horizontal	ჰორიზონტალური	horizont'aluri
vertical	ვერტიკალური	vert'ik'aluri
paralela (f)	პარარელი	p'arareli
paralelo	პარალელური	p'araleluri
linha (f)	ხაზი	khazi
traço (m)	ხაზი	khazi
reta (f)	წრფე	ts'rpe
curva (f)	მრუდი	mrudi
fino (linha ~a)	თხელი	tkheli
contorno (m)	კონტური	k'ont'uri
interseção (f)	გადაკვეთა	gadak'veta
ângulo (m) reto	მართი კუთხე	marti k'utkhe
segmento (m)	სეგმენტი	segment'i
setor (m)	სექტორი	sekt'ori
lado (de um triângulo, etc.)	გვერდი	gverdi
ângulo (m)	კუთხე	k'utkhe

22. Unidades de medida

peso (m)	წონა	ts'ona
comprimento (m)	სიგრძე	sigrdze
largura (f)	სიგანე	sigane
altura (f)	სიმაღლე	simaghle
profundidade (f)	სიღრმე	sighrme
volume (m)	მოცულობა	motsuloba
área (f)	ფართობი	partobi
grama (m)	გრამი	grami
miligrama (m)	მილიგრამი	miligrami

quilograma (m)	კილოგრამი	k'ilogrami
tonelada (f)	ტონა	t'ona
libra (453,6 gramas)	გირვანქა	girvanka
onça (f)	უნცია	untsia
metro (m)	მეტრი	met'ri
milímetro (m)	მილიმეტრი	milimet'ri
centímetro (m)	სანტიმეტრი	sant'imet'ri
quilómetro (m)	კილომეტრი	k'ilomet'ri
milha (f)	მილი	mili
polegada (f)	დუიმი	duimi
pé (304,74 mm)	ფუტი	put'i
jarda (914,383 mm)	იარდი	iardi
metro (m) quadrado	კვადრატული მეტრი	k'vadrat'uli met'ri
hectare (m)	ჰექტარი	hek't'ari
litro (m)	ლიტრი	lit'ri
grau (m)	გრადუსი	gradusi
volt (m)	ვოლტი	volt'i
ampere (m)	ამპერი	amp'eri
cavalo-vapor (m)	ცხენის ძალა	tskhenis dzala
quantidade (f)	რაოდენობა	raodenoba
um pouco de ...	ცოტაოდენი ...	tsot'aodeni ...
metade (f)	ნახევარი	nakhevari
dúzia (f)	დუჟინი	duzhini
peça (f)	ცალი	tsali
dimensão (f)	ზომა	zoma
escala (f)	მასშტაბი	massht'abi
mínimo	მინიმალური	minimaluri
menor, mais pequeno	უმცირესი	umtsiresi
médio	საშუალო	sashualo
máximo	მაქსიმალური	maksimaluri
maior, mais grande	უდიდესი	udidesi

23. Recipientes

boião (m) de vidro	ქილა	kila
lata (~ de cerveja)	ქილა	kila
balde (m)	ვედრო	vedro
barril (m)	კასრი	k'asri
bacia (~ de plástico)	ტაშტი	t'asht'i
tanque (m)	ბაკი	bak'i
cantil (m) de bolso	მათარა	matara
bidão (m) de gasolina	კანისტრა	k'anist'ra
cisterna (f)	ცისტერნა	tsist'erna
caneca (f)	კათხა	k'atkha
chávena (f)	ფინჯანი	pinjani

pires (m)	ლამბაქი	lambaki
copo (m)	ჭიქა	ch'ika
taça (f) de vinho	ბოკალი	bok'ali
panela, caçarola (f)	ქვაბი	kvabi
garrafa (f)	ბოთლი	botli
gargalo (m)	ყელი	qeli
jarro, garrafa (f)	გრაფინი	grapini
jarro (m) de barro	დოქი	doki
recipiente (m)	ჭურჭელი	ch'urch'eli
pote (m)	ქოთანი	kotani
vaso (m)	ლარნაკი	larnak'i
frasco (~ de perfume)	ფლაკონი	plak'oni
frasquinho (ex. ~ de iodo)	შუშა	shusha
tubo (~ de pasta dentífrica)	ტუბი	t'ubi
saca (ex. ~ de açúcar)	ტომარა	t'omara
saco (~ de plástico)	პაკეტი	p'ak'et'i
maço (m)	შეკვრა	shek'vra
caixa (~ de sapatos, etc.)	კოლოფი	k'olopi
caixa (~ de madeira)	ყუთი	quti
cesta (f)	კალათი	k'alati

24. Materiais

material (m)	მასალა	masala
madeira (f)	ხე	khe
de madeira	ხისა	khisa
vidro (m)	მინა	mina
de vidro	მინისა	minisa
pedra (f)	ქვა	kva
de pedra	ქვისა	kvisa
plástico (m)	პლასტიკი	p'last'ik'i
de plástico	პლასტმასისა	p'last'masisa
borracha (f)	რეზინი	rezini
de borracha	რეზინისა	rezinisa
tecido, pano (m)	ქსოვილი	ksovili
de tecido	ქსოვილისგან	ksovilisgan
papel (m)	ქაღალდი	kaghaldi
de papel	ქაღალდისა	kaghaldisa
cartão (m)	მუყაო	muqao
de cartão	მუყაოსი	muqaosi
polietileno (m)	პოლიეთილენი	p'olietileni
celofane (m)	ცელოფანი	tselopani

linóleo (m)	ლინოლეუმი	linoleumi
contraplacado (m)	ფანერა	panera
porcelana (f)	ფაიფური	paipuri
de porcelana	ფაიფურისა	paipurisa
barro (f)	თიხა	tikha
de barro	თიხისა	tikhisa
cerâmica (f)	კერამიკა	k'eramik'a
de cerâmica	კერამიკისა	k'eramik'isa

25. Metais

metal (m)	ლითონი	litoni
metálico	ლითონისა	litonisa
liga (f)	შენადნობი	shenadnobi
ouro (m)	ოქრო	okro
de ouro	ოქროს	okros
prata (f)	ვერცხლი	vertskhli
de prata	ვერცხლისა	vertskhlisa
ferro (m)	რკინა	rk'ina
de ferro	რკინისა	rk'inisa
aço (m)	ფოლადი	poladi
de aço	ფოლადისა	poladisa
cobre (m)	სპილენძი	sp'ilendzi
de cobre	სპილენძისა	sp'ilendzisa
alumínio (m)	ალუმინი	alumini
de alumínio	ალუმინისა	aluminisa
bronze (m)	ბრინჯაო	brinjao
de bronze	ბრინჯაოსი	brinjaosi
latão (m)	თითბერი	titberi
níquel (m)	ნიკელი	nik'eli
platina (f)	პლატინა	p'lat'ina
mercúrio (m)	ვერცხლისწყალი	vertskhlists'qali
estanho (m)	კალა	k'ala
chumbo (m)	ტყვია	t'qvia
zinco (m)	თუთია	tutia

O SER HUMANO

O ser humano. O corpo

26. Humanos. Conceitos básicos

ser (m) humano	ადამიანი	adamiani
homem (m)	კაცი	k'atsi
mulher (f)	ქალი	kali
criança (f)	ბავშვი	bavshvi
menina (f)	გოგო	gogo
menino (m)	ბიჭი	bich'i
adolescente (m)	მოზარდი	mozardi
velho (m)	მოხუცი	mokhutsi
velha, anciã (f)	დედაბერი	dedaberi

27. Anatomia humana

organismo (m)	ორგანიზმი	organizmi
coração (m)	გული	guli
sangue (m)	სისხლი	siskhli
artéria (f)	არტერია	art'eria
veia (f)	ვენა	vena
cérebro (m)	ტვინი	t'vini
nervo (m)	ნერვი	nervi
nervos (m pl)	ნერვები	nervebi
vértebra (f)	მალა	mala
coluna (f) vertebral	ხერხემალი	kherkhemali
estômago (m)	კუჭი	k'uch'i
intestinos (m pl)	კუჭ-ნაწლავი	k'uch'-nats'lavi
intestino (m)	ნაწლავი	nats'lavi
fígado (m)	ღვიძლი	ghvidzli
rim (m)	თირკმელი	tirk'meli
osso (m)	ძვალი	dzvali
esqueleto (m)	ჩონჩხი	chonchkhi
costela (f)	ნეკნი	nek'ni
crânio (m)	თავის ქალა	tavis kala
músculo (m)	კუნთი	k'unti
bíceps (m)	ორთავა კუნთი	ortava k'unti
tríceps (m)	სამთავა კუნთი	samtava k'unti
tendão (m)	მყესი	mqesi
articulação (f)	სახსარი	sakhsari

pulmões (m pl)	ფილტვები	pilt'vebi
órgãos (m pl) genitais	სასქესო ორგანოები	saskeso organoebi
pele (f)	კანი	k'ani

28. Cabeça

cabeça (f)	თავი	tavi
cara (f)	სახე	sakhe
nariz (m)	ცხვირი	tskhviri
boca (f)	პირი	p'iri
olho (m)	თვალი	tvali
olhos (m pl)	თვალები	tvalebi
pupila (f)	გუგა	guga
sobrancelha (f)	წარბი	ts'arbi
pestana (f)	წამწამი	ts'amts'ami
pálpebra (f)	ქუთუთო	kututo
língua (f)	ენა	ena
dente (m)	კბილი	k'bili
lábios (m pl)	ტუჩები	t'uchebi
maçãs (f pl) do rosto	ყვრიმალები	qvrimalebi
gengiva (f)	ღრძილი	ghrdzili
palato (m)	სასა	sasa
narinas (f pl)	ნესტოები	nest'oebi
queixo (m)	ნიკაპი	nik'ap'i
mandíbula (f)	ყბა	qba
bochecha (f)	ლოყა	loqa
testa (f)	შუბლი	shubli
têmpora (f)	საფეთქელი	sapetkeli
orelha (f)	ყური	quri
nuca (f)	კეფა	k'epa
pescoço (m)	კისერი	k'iseri
garganta (f)	ყელი	qeli
cabelos (m pl)	თმები	tmebi
penteado (m)	ვარცხნილობა	vartskhniloba
corte (m) de cabelo	შეკრეჭილი თმა	shek'rech'ili tma
peruca (f)	პარიკი	p'arik'i
bigode (m)	ულვაშები	ulvashebi
barba (f)	წვერი	ts'veri
usar, ter (~ barba, etc.)	ტარება	t'areba
trança (f)	ნაწნავი	nats'navi
suíças (f pl)	ბაკენბარდები	bak'enbardebi
ruivo	წითური	ts'ituri
grisalho	ჭაღარა	ch'aghara
calvo	მელოტი	melot'i
calva (f)	მელოტი	melot'i
rabo-de-cavalo (m)	კუდი	k'udi
franja (f)	შუბლზე შეჭრილი თმა	shublze shech'rili tma

29. Corpo humano

mão (f)	მტევანი	mt'evani
braço (m)	მკლავი	mk'lavi
dedo (m)	თითი	titi
polegar (m)	ცერა თითი	tsera titi
dedo (m) mindinho	ნეკი	nek'i
unha (f)	ფრჩხილი	prchkhili
punho (m)	მუშტი	musht'i
palma (f) da mão	ხელისგული	khelisguli
pulso (m)	მაჯა	maja
antebraço (m)	წინამხარი	ts'inamkhari
cotovelo (m)	იდაყვი	idaqvi
ombro (m)	მხარი	mkhari
perna (f)	ფეხი	pekhi
pé (m)	ტერფი	t'erpi
joelho (m)	მუხლი	mukhli
barriga (f) da perna	წვივი	ts'vivi
anca (f)	თეძო	tedzo
calcanhar (m)	ქუსლი	kusli
corpo (m)	ტანი	t'ani
barriga (f)	მუცელი	mutseli
peito (m)	მკერდი	mk'erdi
seio (m)	მკერდი	mk'erdi
lado (m)	გვერდი	gverdi
costas (f pl)	ზურგი	zurgi
região (f) lombar	წელი	ts'eli
cintura (f)	წელი	ts'eli
umbigo (m)	ჭიპი	ch'ip'i
nádegas (f pl)	დუნდულები	dundulebi
traseiro (m)	საჯდომი	sajdomi
sinal (m)	ხალი	khali
tatuagem (f)	ტატუირება	t'at'uireba
cicatriz (f)	ნაიარევი	naiarevi

Vestuário & Acessórios

30. Roupa exterior. Casacos

roupa (f)	ტანსაცმელი	t'ansatsmeli
roupa (f) exterior	ზედა ტანსაცმელი	zeda t'ansatsmeli
roupa (f) de inverno	ზამთრის ტანსაცმელი	zamtris t'ansatsmeli
sobretudo (m)	პალტო	p'alt'o
casaco (m) de peles	ქურქი	kurki
casaco curto (m) de peles	ჯუბაჩა	jubacha
casaco (m) acolchoado	ყურთუკი	qurtuk'i
casaco, blusão (m)	ქურთუკი	kurtuk'i
impermeável (m)	ლაბადა	labada
impermeável	ულტობი	ult'obi

31. Vestuário de homem & mulher

camisa (f)	პერანგი	p'erangi
calças (f pl)	შარვალი	sharvali
calças (f pl) de ganga	ჯინსი	jinsi
casaco (m) de fato	პიჯაკი	p'ijak'i
fato (m)	კოსტიუმი	k'ost'iumi
vestido (ex. ~ vermelho)	კაბა	k'aba
saia (f)	ბოლოკაბა	bolok'aba
blusa (f)	ბლუზა	bluza
casaco (m) de malha	კოფთა	k'opta
casaco, blazer (m)	ჟაკეტი	zhak'et'i
T-shirt, camiseta (f)	მაისური	maisuri
calções (Bermudas, etc.)	შორტი	short'i
fato (m) de treino	სპორტული კოსტიუმი	sp'ort'uli k'ost'iumi
roupão (m) de banho	ხალათი	khalati
pijama (m)	პიჟამო	p'izhamo
suéter (m)	სვიტრი	svit'ri
pulôver (m)	პულოვერი	p'uloveri
colete (m)	ჟილეტი	zhilet'i
fraque (m)	ფრაკი	prak'i
smoking (m)	სმოკინგი	smok'ingi
uniforme (m)	ფორმა	porma
roupa (f) de trabalho	სამუშაო ტანსაცმელი	samushao t'ansatsmeli
fato-macaco (m)	კომბინეზონი	k'ombinezoni
bata (~ branca, etc.)	ხალათი	khalati

32. Vestuário. Roupa interior

roupa (f) interior	საცვალი	satsvali
camisola (f) interior	მაისური	maisuri
peúgas (f pl)	წინდები	ts'indebi
camisa (f) de noite	ღამის პერანგი	ghamis p'erangi
sutiã (m)	ბიუსტჰალტერი	biust'halt'eri
meias longas (f pl)	გოლფი-წინდები	golpi-ts'indebi
meia-calça (f)	კოლგოტი	k'olgot'i
meias (f pl)	ყელიანი წინდები	qeliani ts'indebi
fato (m) de banho	საბანაო კოსტიუმი	sabanao k'ost'iumi

33. Adereços de cabeça

chapéu (m)	ქუდი	kudi
chapéu (m) de feltro	ქუდი	kudi
boné (m) de beisebol	ბეისბოლის კეპი	beisbolis k'ep'i
boné (m)	კეპი	k'ep'i
boina (f)	ბერეტი	beret'i
capuz (m)	კაპიუშონი	k'ap'iushoni
panamá (m)	პანამა	p'anama
gorro (m) de malha	ნაქსოვი ქუდი	naksovi kudi
lenço (m)	თავსაფარი	tavsapari
chapéu (m) de mulher	ქუდი	kudi
capacete (m) de proteção	კასკა	k'ask'a
bibico (m)	პილოტურა	p'ilot'ura
capacete (m)	ჩაფხუტი	chapkhut'i
chapéu-coco (m)	ქვაბ-ქუდა	kvab-kuda
chapéu (m) alto	ცილინდრი	tsilindri

34. Calçado

calçado (m)	ფეხსაცმელი	pekhsatsmeli
botinas (f pl)	ყელიანი ფეხსაცმელი	qeliani pekhsatsmeli
sapatos (de salto alto, etc.)	ტუფლი	t'upli
botas (f pl)	ჩექმები	chekmebi
pantufas (f pl)	ჩუსტები	chust'ebi
ténis (m pl)	ფეხსაცმელი	pekhsatsmeli
sapatilhas (f pl)	კედი	k'edi
sandálias (f pl)	სანდლები	sandlebi
sapateiro (m)	მეჩექმე	mechekme
salto (m)	ქუსლი	kusli
par (m)	წყვილი	ts'qvili
atacador (m)	ზონარი	zonari

apertar os atacadores	ზონრით შეკვრა	zonrit shek'vra
calçadeira (f)	საშველი	sashveli
graxa (f) para calçado	ფეხსაცმლის კრემი	pekhsatsmlis k'remi

35. Têxtil. Tecidos

algodão (m)	ბამბა	bamba
de algodão	ბამბისგან	bambisgan
linho (m)	სელი	seli
de linho	სელისგან	selisgan
seda (f)	აბრეშუმი	abreshumi
de seda	აბრეშუმისა	abreshumisa
lã (f)	შალი	shali
de lã	შალისა	shalisa
veludo (m)	ხავერდი	khaverdi
camurça (f)	ზამში	zamshi
bombazina (f)	ველვეტი	velvet'i
náilon (m)	ნეილონი	neiloni
de náilon	ნეილონისა	neilonisa
poliéster (m)	პოლიესტერი	p'oliest'eri
de poliéster	პოლიესტერისა	p'oliest'erisa
couro (m)	ტყავი	t'qavi
de couro	ტყავისა	t'qavisa
pele (f)	ბეწვი	bets'vi
de peles, de pele	ბეწვისა	bets'visa

36. Acessórios pessoais

luvas (f pl)	ხელთათმანები	kheltatmanebi
mitenes (f pl)	ხელთათმანი	kheltatmani
cachecol (m)	კაშნი	k'ashni
óculos (m pl)	სათვალე	satvale
armação (f) de óculos	ჩარჩო	charcho
guarda-chuva (m)	ქოლგა	kolga
bengala (f)	ხელჯოხი	kheljokhi
escova (f) para o cabelo	თმის ჯაგრისი	tmis jagrisi
leque (m)	მარაო	marao
gravata (f)	ჰალსტუხი	halst'ukhi
gravata-borboleta (f)	პეპელა-ჰალსტუხი	p'ep'ela-halst'ukhi
suspensórios (m pl)	აჭიმი	ach'imi
lenço (m)	ცხვირსახოცი	tskhvirsakhotsi
pente (m)	სავარცხელი	savartskheli
travessão (m)	თმის სამაგრი	tmis samagri
gancho (m) de cabelo	თმის სარჭი	tmis sarch'i
fivela (f)	ბალთა	balta

cinto (m)	ქამარი	kamari
correia (f)	თასმა	tasma
mala (f)	ჩანთა	chanta
mala (f) de senhora	ჩანთა	chanta
mochila (f)	რუკზაკი	ruk'zak'i

37. Vestuário. Diversos

moda (f)	მოდა	moda
na moda	მოდური	moduri
estilista (m)	მოდელიერი	modelieri
colarinho (m), gola (f)	საყელო	saqelo
bolso (m)	ჯიბე	jibe
de bolso	ჯიბისა	jibisa
manga (f)	სახელო	sakhelo
alcinha (f)	საკიდარი	sak'idari
braguilha (f)	ბარტყი	bart'qi
fecho (m) de correr	ელვა-შესაკრავი	elva-shesak'ravi
fecho (m), colchete (m)	შესაკრავი	shesak'ravi
botão (m)	ღილი	ghili
casa (f) de botão	ჩასაღილავი	chasaghilavi
soltar-se (vr)	მოწყვეტა	mots'qvet'a
coser, costurar (vi)	კერვა	k'erva
bordar (vt)	ქარგვა	kargva
bordado (m)	ნაქარგი	nakargi
agulha (f)	ნემსი	nemsi
fio (m)	ძაფი	dzapi
costura (f)	ნაკერი	nak'eri
sujar-se (vr)	გასვრა	gasvra
mancha (f)	ლაქა	laka
engelhar-se (vr)	დაჭმუჭნა	dach'much'na
rasgar (vt)	გახევა	gakheva
traça (f)	ჩრჩილი	chrchili

38. Cuidados pessoais. Cosméticos

pasta (f) de dentes	კბილის პასტა	k'bilis p'ast'a
escova (f) de dentes	კბილის ჯაგრისი	k'bilis jagrisi
escovar os dentes	კბილების გახეხვა	k'bilebis gakhekhva
máquina (f) de barbear	სამართებელი	samartebeli
creme (m) de barbear	საპარსი კრემი	sap'arsi k'remi
barbear-se (vr)	პარსვა	p'arsva
sabonete (m)	საპონი	sap'oni
champô (m)	შამპუნი	shamp'uni
tesoura (f)	მაკრატელი	mak'rat'eli

lima (f) de unhas	ფრჩხილის ქლიბი	prchkhilis klibi
corta-unhas (m)	ფრჩხილის საკვნეტი	prchkhilis sak'vnet'i
pinça (f)	პინცეტი	p'intset'i
cosméticos (m pl)	კოსმეტიკა	k'osmet'ik'a
máscara (f) facial	ნიღაბი	nighabi
manicura (f)	მანიკიური	manik'iuri
fazer a manicura	მანიკიურის კეთება	manik'iuris k'eteba
pedicure (f)	პედიკიური	p'edik'iuri
mala (f) de maquilhagem	კოსმეტიკის ჩანთა	k'osmet'ik'is chanta
pó (m)	პუდრი	p'udri
caixa (f) de pó	საპუდრე	sap'udre
blush (m)	ფერი	peri
perfume (m)	სუნამო	sunamo
água (f) de toilette	ტუალეტის წყალი	t'ualet'is ts'qali
loção (f)	ლოსიონი	losioni
água-de-colónia (f)	ოდეკოლონი	odek'oloni
sombra (f) de olhos	ქუთუთოს ჩრდილი	kututos chrdili
lápis (m) delineador	თვალის ფანქარი	tvalis pankari
máscara (f), rímel (m)	ტუში	t'ushi
batom (m)	ტუჩის პომადა	t'uchis p'omada
verniz (m) de unhas	ფრჩხილის ლაქი	prchkhilis laki
laca (f) para cabelos	თმის ლაქი	tmis laki
desodorizante (m)	დეზოდორანტი	dezodorant'i
creme (m)	კრემი	k'remi
creme (m) de rosto	სახის კრემი	sakhis k'remi
creme (m) de mãos	ხელის კრემი	khelis k'remi
creme (m) antirrugas	ნაოჭების საწინააღმდეგო კრემი	naoch'ebis sats'inaaghmdego k'remi
de dia	დღისა	dghisa
da noite	ღამისა	ghamisa
tampão (m)	ტამპონი	t'amp'oni
papel (m) higiénico	ტუალეტის ქაღალდი	t'ualet'is kaghaldi
secador (m) elétrico	ფენი	peni

39. Joalheria

joias (f pl)	ძვირფასეულობა	dzvirpaseuloba
precioso	ძვირფასი	dzvirpasi
marca (f) de contraste	სინჯი	sinji
anel (m)	ბეჭედი	bech'edi
aliança (f)	ნიშნობის ბეჭედი	nishnobis bech'edi
pulseira (f)	სამაჯური	samajuri
brincos (m pl)	საყურეები	saqureebi
colar (m)	ყელსაბამი	qelsabami
coroa (f)	გვირგვინი	gvirgvini

colar (m) de contas	მძივები	mdzivebi
diamante (m)	ბრილიანტი	briliant'i
esmeralda (f)	ზურმუხტი	zurmukht'i
rubi (m)	ლალი	lali
safira (f)	საფირონი	sapironi
pérola (f)	მარგალიტი	margalit'i
âmbar (m)	ქარვა	karva

40. Relógios de pulso. Relógios

relógio (m) de pulso	საათი	saati
mostrador (m)	ციფერბლატი	tsiperblat'i
ponteiro (m)	ისარი	isari
bracelete (f) em aço	სამაჯური	samajuri
bracelete (f) em couro	თასმა	tasma
pilha (f)	ბატარეა	bat'area
descarregar-se	დაჯდომა	dajdoma
trocar a pilha	ბატარეის გამოცვლა	bat'areis gamotsvla
relógio (m) de parede	კედლის საათი	k'edlis saati
ampulheta (f)	ქვიშის საათი	kvishis saati
relógio (m) de sol	მზის საათი	mzis saati
despertador (m)	მაღვიძარა	maghvidzara
relojoeiro (m)	მესაათე	mesaate
reparar (vt)	გარემონტება	garemont'eba

Alimentação. Nutrição

41. Comida

carne (f)	ხორცი	khortsi
galinha (f)	ქათამი	katami
frango (m)	წიწილა	ts'its'ila
pato (m)	იხვი	ikhvi
ganso (m)	ბატი	bat'i
caça (f)	ნანადირევი	nanadirevi
peru (m)	ინდაური	indauri
carne (f) de porco	ღორის ხორცი	ghoris khortsi
carne (f) de vitela	ხბოს ხორცი	khbos khortsi
carne (f) de carneiro	ცხვრის ხორცი	tskhvris khortsi
carne (f) de vaca	საქონლის ხორცი	sakonlis khortsi
carne (f) de coelho	ბოცვერი	botsveri
chouriço, salsichão (m)	ძეხვი	dzekhvi
salsicha (f)	სოსისი	sosisi
bacon (m)	ბეკონი	bek'oni
fiambre (f)	ლორი	lori
presunto (m)	ბარკალი	bark'ali
patê (m)	პაშტეტი	p'asht'et'i
fígado (m)	ღვიძლი	ghvidzli
carne (f) moída	ფარში	parshi
língua (f)	ენა	ena
ovo (m)	კვერცხი	k'vertskhi
ovos (m pl)	კვერცხები	k'vertskhebi
clara (f) do ovo	ცილა	tsila
gema (f) do ovo	კვერცხის გული	k'vertskhis guli
peixe (m)	თევზი	tevzi
mariscos (m pl)	ზღვის პროდუქტები	zghvis p'rodukt'ebi
crustáceos (m pl)	კიბოსნაირნი	k'ibosnairni
caviar (m)	ხიზილალა	khizilala
caranguejo (m)	კიბორჩხალა	k'iborchkhala
camarão (m)	კრევეტი	k'revet'i
ostra (f)	ხამანწკა	khamants'k'a
lagosta (f)	ლანგუსტი	langust'i
polvo (m)	რვაფეხა	rvapekha
lula (f)	კალმარი	k'almari
esturjão (m)	თართი	tarti
salmão (m)	ორაგული	oraguli
halibute (m)	პალტუსი	p'alt'usi
bacalhau (m)	ვირთევზა	virtevza

cavala, sarda (f)	სკუმბრია	sk'umbria
atum (m)	თინუსი	tinusi
enguia (f)	გველთევზა	gveltevza
truta (f)	კალმახი	k'almakhi
sardinha (f)	სარდინი	sardini
lúcio (m)	ქარიყლაპია	kariqlap'ia
arenque (m)	ქაშაყი	kashaqi
pão (m)	პური	p'uri
queijo (m)	ყველი	qveli
açúcar (m)	შაქარი	shakari
sal (m)	მარილი	marili
arroz (m)	ბრინჯი	brinji
massas (f pl)	მაკარონი	mak'aroni
talharim (m)	ატრია	at'ria
manteiga (f)	კარაქი	k'araki
óleo (m) vegetal	მცენარეული ზეთი	mtsenarueli zeti
óleo (m) de girassol	მზესუმზირის ზეთი	mzesumziris zeti
margarina (f)	მარგარინი	margarini
azeitonas (f pl)	ზეითუნი	zeituni
azeite (m)	ზეითუნის ზეთი	zeitunis zeti
leite (m)	რძე	rdze
leite (m) condensado	შესქელებული რძე	sheskelebuli rdze
iogurte (m)	იოგურტი	iogurt'i
nata (f) azeda	არაჟანი	arazhani
nata (f) do leite	ნაღები	naghebi
maionese (f)	მაიონეზი	maionezi
creme (m)	კრემი	k'remi
grãos (m pl) de cereais	ბურღული	burghuli
farinha (f)	ფქვილი	pkvili
enlatados (m pl)	კონსერვები	k'onservebi
flocos (m pl) de milho	სიმინდის ბურბუშელა	simindis burbushela
mel (m)	თაფლი	tapli
doce (m)	ჯემი	jemi
pastilha (f) elástica	საღეჭი რეზინი	saghech'i rezini

42. Bebidas

água (f)	წყალი	ts'qali
água (f) potável	სასმელი წყალი	sasmeli ts'qali
água (f) mineral	მინერალური წყალი	mineraluri ts'qali
sem gás	უგაზო	ugazo
gaseificada	გაზირებული	gazirebuli
com gás	გაზიანი	gaziani
gelo (m)	ყინული	qinuli

com gelo	ყინულით	qinulit
sem álcool	უალკოჰოლო	ualk'oholo
bebida (f) sem álcool	უალკოჰოლო სასმელი	ualk'oholo sasmeli
refresco (m)	გამაგრილებელი სასმელი	gamagrilebeli sasmeli
limonada (f)	ლიმონათი	limonati
bebidas (f pl) alcoólicas	ალკოჰოლიანი სასმელები	alk'oholiani sasmelebi
vinho (m)	ღვინო	ghvino
vinho (m) branco	თეთრი ღვინო	tetri ghvino
vinho (m) tinto	წითელი ღვინო	ts'iteli ghvino
licor (m)	ლიქიორი	likiori
champanhe (m)	შამპანური	shamp'anuri
vermute (m)	ვერმუტი	vermut'i
uísque (m)	ვისკი	visk'i
vodka (f)	არაყი	araqi
gim (m)	ჯინი	jini
conhaque (m)	კონიაკი	k'oniak'i
rum (m)	რომი	romi
café (m)	ყავა	qava
café (m) puro	შავი ყავა	shavi qava
café (m) com leite	რძიანი ყავა	rdziani qava
cappuccino (m)	ნაღებიანი ყავა	naghebiani qava
café (m) solúvel	ხსნადი ყავა	khsnadi qava
leite (m)	რძე	rdze
coquetel (m)	კოკტეილი	k'ok't'eili
batido (m) de leite	რძის კოკტეილი	rdzis k'ok't'eili
sumo (m)	წვენი	ts'veni
sumo (m) de tomate	ტომატის წვენი	t'omat'is ts'veni
sumo (m) de laranja	ფორთოხლის წვენი	portokhlis ts'veni
sumo (m) fresco	ახლადგამოწურული წვენი	akhladgamots'uruli ts'veni
cerveja (f)	ლუდი	ludi
cerveja (f) clara	ღია ფერის ლუდი	ghia peris ludi
cerveja (f) preta	მუქი ლუდი	muki ludi
chá (m)	ჩაი	chai
chá (m) preto	შავი ჩაი	shavi chai
chá (m) verde	მწვანე ჩაი	mts'vane chai

43. Vegetais

legumes (m pl)	ბოსტნეული	bost'neuli
verduras (f pl)	მწვანილი	mts'vanili
tomate (m)	პომიდორი	p'omidori
pepino (m)	კიტრი	k'it'ri
cenoura (f)	სტაფილო	st'apilo
batata (f)	კარტოფილი	k'art'opili
cebola (f)	ხახვი	khakhvi

alho (m)	ნიორი	niori
couve (f)	კომბოსტო	k'ombost'o
couve-flor (f)	ყვავილოვანი კომბოსტო	qvavilovani k'ombost'o
couve-de-bruxelas (f)	ბრიუსელის კომბოსტო	briuselis k'ombost'o
brócolos (m pl)	კომბოსტო ბროკოლი	k'ombost'o brok'oli
beterraba (f)	ჭარხალი	ch'arkhali
beringela (f)	ბადრიჯანი	badrijani
curgete (f)	ყაბაყი	qabaqi
abóbora (f)	გოგრა	gogra
nabo (m)	თალგამი	talgami
salsa (f)	ოხრახუში	okhrakhushi
funcho, endro (m)	კამა	k'ama
alface (f)	სალათი	salati
aipo (m)	ნიახური	niakhuri
espargo (m)	სატაცური	sat'atsuri
espinafre (m)	ისპანახი	isp'anakhi
ervilha (f)	ბარდა	barda
fava (f)	პარკები	p'ark'ebi
milho (m)	სიმინდი	simindi
feijão (m)	ლობიო	lobio
pimentão (m)	წიწაკა	ts'its'ak'a
rabanete (m)	ბოლოკი	bolok'i
alcachofra (f)	არტიშოკი	art'ishok'i

44. Frutos. Nozes

fruta (f)	ხილი	khili
maçã (f)	ვაშლი	vashli
pera (f)	მსხალი	mskhali
limão (m)	ლიმონი	limoni
laranja (f)	ფორთოხალი	portokhali
morango (m)	მარწყვი	marts'qvi
tangerina (f)	მანდარინი	mandarini
ameixa (f)	ქლიავი	kliavi
pêssego (m)	ატამი	at'ami
damasco (m)	გარგარი	gargari
framboesa (f)	ჟოლო	zholo
ananás (m)	ანანასი	ananasi
banana (f)	ბანანი	banani
melancia (f)	საზამთრო	sazamtro
uva (f)	ყურძენი	qurdzeni
ginja (f)	ალუბალი	alubali
cereja (f)	ბალი	bali
meloa (f)	ნესვი	nesvi
toranja (f)	გრეიფრუტი	greiprut'i
abacate (m)	ავოკადო	avok'ado
papaia (f)	პაპაია	p'ap'aia

manga (f)	მანგო	mango
romã (f)	ბროწეული	brots'euli
groselha (f) vermelha	წითელი მოცხარი	ts'iteli motskhari
groselha (f) preta	შავი მოცხარი	shavi motskhari
groselha (f) espinhosa	ხურტკმელი	khurt'k'meli
mirtilo (m)	მოცვი	motsvi
amora silvestre (f)	მაყვალი	maqvali
uvas (f pl) passas	ქიშმიში	kishmishi
figo (m)	ლეღვი	leghvi
tâmara (f)	ფინიკი	pinik'i
amendoim (m)	მიწის თხილი	mits'is tkhili
amêndoa (f)	ნუში	nushi
noz (f)	კაკალი	k'ak'ali
avelã (f)	თხილი	tkhili
coco (m)	ქოქოსის კაკალი	kokosis k'ak'ali
pistáchios (m pl)	ფსტა	pst'a

45. Pão. Bolaria

pastelaria (f)	საკონდიტრო ნაწარმი	sak'ondit'ro nats'armi
pão (m)	პური	p'uri
bolacha (f)	ნამცხვარი	namtskhvari
chocolate (m)	შოკოლადი	shok'oladi
de chocolate	შოკოლადისა	shok'oladisa
rebuçado (m)	კანფეტი	k'anpet'i
bolo (cupcake, etc.)	ტკბილღვეზელა	t'k'bilghvezela
bolo (m) de aniversário	ტორტი	t'ort'i
tarte (~ de maçã)	ღვეზელი	ghvezeli
recheio (m)	შიგთავსი	shigtavsi
doce (m)	მურაბა	muraba
geleia (f) de frutas	მარმელადი	marmeladi
waffle (m)	ვაფლი	vapli
gelado (m)	ნაყინი	naqini
pudim (m)	პუდინგი	p'udingi

46. Pratos cozinhados

prato (m)	კერძი	k'erdzi
cozinha (~ portuguesa)	სამზარეულო	samzareulo
receita (f)	რეცეპტი	retsep't'i
porção (f)	ულუფა	ulupa
salada (f)	სალათი	salati
sopa (f)	წვნიანი	ts'vniani
caldo (m)	ბულიონი	bulioni
sandes (f)	ბუტერბროდი	but'erbrodi

ovos (m pl) estrelados	ერბო-კვერცხი	erbo-k'vertskhi
hambúrguer (m)	ჰამბურგერი	hamburgeri
bife (m)	ბივშტექსი	bivsht'eksi
conduto (m)	გარნირი	garniri
espaguete (m)	სპაგეტი	sp'aget'i
puré (m) de batata	კარტოფილის პიურე	k'art'opilis p'iure
pizza (f)	პიცა	p'itsa
papa (f)	ფაფა	papa
omelete (f)	ომლეტი	omlet'i
cozido em água	მოხარშული	mokharshuli
fumado	შებოლილი	shebolili
frito	შემწვარი	shemts'vari
seco	გამხმარი	gamkhmari
congelado	გაყინული	gaqinuli
em conserva	მარინადში ჩადებული	marinadshi chadebuli
doce (açucarado)	ტკბილი	t'k'bili
salgado	მლაშე	mlashe
frio	ცივი	tsivi
quente	ცხელი	tskheli
amargo	მწარე	mts'are
gostoso	გემრიელი	gemrieli
cozinhar (em água a ferver)	ხარშვა	kharshva
fazer, preparar (vt)	მზადება	mzadeba
fritar (vt)	შეწვა	shets'va
aquecer (vt)	გაცხელება	gatskheleba
salgar (vt)	მარილის მოყრა	marilis moqra
apimentar (vt)	პილპილის მოყრა	p'ilp'ilis moqra
ralar (vt)	გახეხვა	gakhekhva
casca (f)	ქერქი	kerki
descascar (vt)	ფცქვნა	ptskvna

47. Especiarias

sal (m)	მარილი	marili
salgado	მლაშე	mlashe
salgar (vt)	მარილის მოყრა	marilis moqra
pimenta (f) preta	პილპილი	p'ilp'ili
pimenta (f) vermelha	წიწაკა	ts'its'ak'a
mostarda (f)	მდოგვი	mdogvi
raiz-forte (f)	პირშუშხა	p'irshushkha
condimento (m)	სანელებელი	sanelebeli
especiaria (f)	სუნელი	suneli
molho (m)	სოუსი	sousi
vinagre (m)	ძმარი	dzmari
anis (m)	ანისული	anisuli
manjericão (m)	რეჰანი	rehani

cravo (m)	მიხაკი	mikhak'i
gengibre (m)	კოჭა	k'och'a
coentro (m)	ქინძი	kindzi
canela (f)	დარიჩინი	darichini
sésamo (m)	ქუნჟუტი	kunzhut'i
folhas (f pl) de louro	დაფნის ფოთოლი	dapnis potoli
páprica (f)	წიწაკა	ts'its'ak'a
cominho (m)	კვლიავი	k'vliavi
açafrão (m)	ზაფრანა	zaprana

48. Refeições

comida (f)	საჭმელი	sach'meli
comer (vt)	ჭამა	ch'ama
pequeno-almoço (m)	საუზმე	sauzme
tomar o pequeno-almoço	საუზმობა	sauzmoba
almoço (m)	სადილი	sadili
almoçar (vi)	სადილობა	sadiloba
jantar (m)	ვახშამი	vakhshami
jantar (vi)	ვახშმობა	vakhshmoba
apetite (m)	მადა	mada
Bom apetite!	გაამოთ!	gaamot!
abrir (~ uma lata, etc.)	გახსნა	gakhsna
derramar (vt)	დაღვრა	daghvra
derramar-se (vr)	დაღვრა	daghvra
ferver (vi)	დუღილი	dughili
ferver (vt)	ადუღება	adugheba
fervido	ნადუღი	nadughi
arrefecer (vt)	გაგრილება	gagrileba
arrefecer-se (vr)	გაგრილება	gagrileba
sabor, gosto (m)	გემო	gemo
gostinho (m)	გემო	gemo
fazer dieta	გახდომა	gakhdoma
dieta (f)	დიეტა	diet'a
vitamina (f)	ვიტამინი	vit'amini
caloria (f)	კალორია	k'aloria
vegetariano (m)	ვეგეტარიანელი	veget'arianeli
vegetariano	ვეგეტარიანული	veget'arianuli
gorduras (f pl)	ცხიმები	tskhimebi
proteínas (f pl)	ცილები	tsilebi
carboidratos (m pl)	ნახშირწყლები	nakhshirts'qlebi
fatia (~ de limão, etc.)	ნაჭერი	nach'eri
pedaço (~ do bolo)	ნაჭერი	nach'eri
migalha (f)	ნამცეცი	namtsetsi

49. Por a mesa

colher (f)	კოვზი	k'ovzi
faca (f)	დანა	dana
garfo (m)	ჩანგალი	changali
chávena (f)	ფინჯანი	pinjani
prato (m)	თეფში	tepshi
pires (m)	ლამბაქი	lambaki
guardanapo (m)	ხელსახოცი	khelsakhotsi
palito (m)	კბილსაჩიჩქნი	k'bilsachichkni

50. Restaurante

restaurante (m)	რესტორანი	rest'orani
café (m)	ყავახანა	qavakhana
bar (m), cervejaria (f)	ბარი	bari
salão (m) de chá	ჩაის სალონი	chais saloni
empregado (m) de mesa	ოფიციანტი	opitsiant'i
empregada (f) de mesa	ოფიციანტი	opitsiant'i
barman (m)	ბარმენი	barmeni
ementa (f)	მენიუ	meniu
lista (f) de vinhos	ღვინის ბარათი	ghvinis barati
reservar uma mesa	მაგიდის დაჯავშნა	magidis dajavshna
prato (m)	კერძი	k'erdzi
pedir (vt)	შეკვეთა	shek'veta
fazer o pedido	შეკვეთის გაკეთება	shek'vetis gak'eteba
aperitivo (m)	აპერიტივი	ap'erit'ivi
entrada (f)	საუზმეული	sauzmeuli
sobremesa (f)	დესერტი	desert'i
conta (f)	ანგარიში	angarishi
pagar a conta	ანგარიშის გადახდა	angarishis gadakhda
dar o troco	ხურდის მიცემა	khurdis mitsema
gorjeta (f)	გასამრჯელო	gasamrjelo

Família, parentes e amigos

51. Informação pessoal. Formulários

nome (m)	სახელი	sakheli
apelido (m)	გვარი	gvari
data (f) de nascimento	დაბადების თარიღი	dabadebis tarighi
local (m) de nascimento	დაბადების ადგილი	dabadebis adgili
nacionalidade (f)	ეროვნება	erovneba
lugar (m) de residência	საცხოვრებელი ადგილი	satskhovrebeli adgili
país (m)	ქვეყანა	kveqana
profissão (f)	პროფესია	p'ropesia
sexo (m)	სქესი	skesi
estatura (f)	სიმაღლე	simaghle
peso (m)	წონა	ts'ona

52. Membros da família. Parentes

mãe (f)	დედა	deda
pai (m)	მამა	mama
filho (m)	ვაჟიშვილი	vazhishvili
filha (f)	ქალიშვილი	kalishvili
filha (f) mais nova	უმცროსი ქალიშვილი	umtsrosi kalishvili
filho (m) mais novo	უმცროსი ვაჟიშვილი	umtsrosi vazhishvili
filha (f) mais velha	უფროსი ქალიშვილი	uprosi kalishvili
filho (m) mais velho	უფროსი ვაჟიშვილი	uprosi vazhishvili
irmão (m)	ძმა	dzma
irmã (f)	და	da
mamã (f)	დედა	deda
papá (m)	მამა	mama
pais (pl)	მშობლები	mshoblebi
criança (f)	შვილი	shvili
crianças (f pl)	შვილები	shvilebi
avó (f)	ბებია	bebia
avô (m)	პაპა	p'ap'a
neto (m)	შვილიშვილი	shvilishvili
neta (f)	შვილიშვილი	shvilishvili
netos (pl)	შვილიშვილები	shvilishvilebi
tio (m)	ბიძა	bidza
sogra (f)	სიდედრი	sidedri
sogro (m)	მამამთილი	mamamtili

genro (m)	სიძე	sidze
madrasta (f)	დედინაცვალი	dedinatsvali
padrasto (m)	მამინაცვალი	maminatsvali
criança (f) de colo	ძუძუმწოვარა ბავშვი	dzudzumts'ovara bavshvi
bebé (m)	ჩვილი	chvili
menino (m)	ბიჭუნა	bich'una
mulher (f)	ცოლი	tsoli
marido (m)	ქმარი	kmari
esposo (m)	მეუღლე	meughle
esposa (f)	მეუღლე	meughle
casado	ცოლიანი	tsoliani
casada	გათხოვილი	gatkhovili
solteiro	უცოლშვილო	utsolshvilo
solteirão (m)	უცოლშვილო	utsolshvilo
divorciado	განქორწინებული	gankorts'inebuli
viúva (f)	ქვრივი	kvrivi
viúvo (m)	ქვრივი	kvrivi
parente (m)	ნათესავი	natesavi
parente (m) próximo	ახლო ნათესავი	akhlo natesavi
parente (m) distante	შორეული ნათესავი	shoreuli natesavi
parentes (m pl)	ნათესავები	natesavebi
órfão (m), órfã (f)	ობოლი	oboli
tutor (m)	მეურვე	meurve
adotar (um filho)	შვილად აყვანა	shvilad aqvana
adotar (uma filha)	შვილად აყვანა	shvilad aqvana

53. Amigos. Colegas de trabalho

amigo (m)	მეგობარი	megobari
amiga (f)	მეგობარი	megobari
amizade (f)	მეგობრობა	megobroba
ser amigos	მეგობრობა	megobroba
amigo (m)	ძმაკაცი	dzmak'atsi
amiga (f)	დაქალი	dakali
parceiro (m)	პარტნიორი	p'art'niori
chefe (m)	შეფი	shepi
superior (m)	უფროსი	uprosi
subordinado (m)	ხელქვეითი	khelkveiti
colega (m)	კოლეგა	k'olega
conhecido (m)	ნაცნობი	natsnobi
companheiro (m) de viagem	თანამგზავრი	tanamgzavri
colega (m) de classe	თანაკლასელი	tanak'laseli
vizinho (m)	მეზობელი	mezobeli
vizinha (f)	მეზობელი	mezobeli
vizinhos (pl)	მეზობლები	mezoblebi

54. Homem. Mulher

mulher (f)	ქალი	kali
rapariga (f)	ქალიშვილი	kalishvili
noiva (f)	პატარძალი	p'at'ardzali
bonita	ლამაზი	lamazi
alta	მაღალი	maghali
esbelta	ტანადი	t'anadi
de estatura média	მორჩილი ტანისა	morchili t'anisa
loura (f)	ქერა	kera
morena (f)	შავგვრემანი	shavgvremani
de senhora	ქალისა	kalisa
virgem (f)	ქალიშვილი	kalishvili
grávida	ორსული	orsuli
homem (m)	კაცი	k'atsi
louro (m)	ქერა	kera
moreno (m)	შავგვრემანი	shavgvremani
alto	მაღალი	maghali
de estatura média	მორჩილი ტანისა	morchili t'anisa
rude	უხეში	ukheshi
atarracado	ჯმუხი	jmukhi
robusto	მაგარი	magari
forte	ძლიერი	dzlieri
força (f)	ძალა	dzala
gordo	ჩასუქებული	chasukebuli
moreno	შავგვრემანი	shavgvremani
esbelto	ტანადი	t'anadi
elegante	ელეგანტური	elegant'uri

55. Idade

idade (f)	ასაკი	asak'i
juventude (f)	სიჭაბუკე	sich'abuk'e
jovem	ახალგაზრდა	akhalgazrda
mais novo	უმცროსი	umtsrosi
mais velho	უფროსი	uprosi
jovem (m)	ყმაწვილი	qmats'vili
adolescente (m)	მოზარდი	mozardi
rapaz (m)	ჭაბუკი	ch'abuk'i
velho (m)	მოხუცი	mokhutsi
velhota (f)	დედაბერი	dedaberi
adulto	მოზრდილი	mozrdili
de meia-idade	საშუალო ასაკისა	sashualo asak'isa

idoso, de idade	ხანში შესული	khanshi shesuli
velho	ბებერი	beberi
reformar-se (vr)	პენსიაზე გასვლა	p'ensiaze gasvla
reformado (m)	პენსიონერი	p'ensioneri

56. Crianças

criança (f)	ბავშვი	bavshvi
crianças (f pl)	ბავშვები	bavshvebi
gémeos (m pl)	ტყუპები	t'qup'ebi
berço (m)	აკვანი	ak'vani
guizo (m)	ჟღარუნა	zhgharuna
fralda (f)	ამოსაფენი ჩვარი	amosapeni chvari
chupeta (f)	საწოვარა	sats'ovara
carrinho (m) de bebé	ეტლი	et'li
jardim (m) de infância	საბავშვო ბაღი	sabavshvo baghi
babysitter (f)	ძიძა	dzidza
infância (f)	ბავშვობა	bavshvoba
boneca (f)	თოჯინა	tojina
brinquedo (m)	სათამაშო	satamasho
jogo (m) de armar	კონსტრუქტორი	k'onst'rukt'ori
bem-educado	ზრდილი	zrdili
mal-educado	უზრდელი	uzrdeli
mimado	განებივრებული	ganebivrebuli
ser travesso	ცელქობა	tselkoba
travesso, traquinas	ცელქი	tselki
travessura (f)	ცელქობა	tselkoba
criança (f) travessa	ცელქი	tselki
obediente	დამჯერი	damjeri
desobediente	გაუგონარი	gaugonari
dócil	გონიერი	gonieri
inteligente	ჭკვიანი	ch'k'viani
menino (m) prodígio	ვუნდერკინდი	vunderk'indi

57. Casais. Vida de família

beijar (vt)	კოცნა	k'otsna
beijar-se (vr)	ერთმანეთის კოცნა	ertmanetis k'otsna
família (f)	ოჯახი	ojakhi
familiar	ოჯახური	ojakhuri
casal (m)	წყვილი	ts'qvili
matrimónio (m)	ქორწინება	korts'ineba
lar (m)	სახლის კერა	sakhlis k'era
dinastia (f)	დინასტია	dinast'ia

encontro (m)	პაემანი	p'aemani
beijo (m)	კოცნა	k'otsna
amor (m)	სიყვარული	siqvaruli
amar (vt)	სიყვარული	siqvaruli
amado, querido	საყვარელი	saqvareli
ternura (f)	სინაზე	sinaze
terno, afetuoso	ნაზი	nazi
fidelidade (f)	ერთგულება	ertguleba
fiel	ერთგული	ertguli
cuidado (m)	ზრუნვა	zrunva
carinhoso	მზრუნველი	mzrunveli
recém-casados (m pl)	ახლად დაქორწინებულნი	akhlad dakorts'inebulni
lua de mel (f)	თაფლობის თვე	taplobis tve
casar-se (com um homem)	გათხოვება	gatkhoveba
casar-se (com uma mulher)	ცოლის შერთვა	tsolis shertva
aniversário (m)	წლისთავი	ts'listavi
amante (m)	საყვარელი	saqvareli
amante (f)	საყვარელი	saqvareli
adultério (m)	ღალატი	ghalat'i
cometer adultério	ღალატი	ghalat'i
ciumento	ეჭვიანი	ech'viani
ser ciumento	ეჭვიანობა	ech'vianoba
divórcio (m)	განქორწინება	gankorts'ineba
divorciar-se (vr)	განქორწინება	gankorts'ineba
brigar (discutir)	წაჩხუბება	ts'achkhubeba
fazer as pazes	შერიგება	sherigeba
juntos	ერთად	ertad
sexo (m)	სექსი	seksi
felicidade (f)	ბედნიერება	bednniereba
feliz	ბედნიერი	bednieri
infelicidade (f)	უბედურება	ubedureba
infeliz	უბედური	ubeduri

Caráter. Sentimentos. Emoções

58. Sentimentos. Emoções

sentimento (m)	გრძნობა	grdznoba
sentimentos (m pl)	გრძნობები	grdznobebi
sentir (vt)	გრძნობა	grdznoba
fome (f)	შიმშილი	shimshili
sede (f)	წყურვილი	ts'qurvili
sonolência (f)	მძინარობა	mdzinaroba
cansaço (m)	დაღლილობა	daghliloba
cansado	დაღლილი	daghlili
ficar cansado	დაღლა	daghla
humor (m)	გუნება	guneba
tédio (m)	მოწყენილობა	mots'qeniloba
aborrecer-se (vr)	მოწყენა	mots'qena
isolamento (m)	განმარტოება	ganmart'oeba
isolar-se	განმარტოება	ganmart'oeba
preocupar (vt)	შეწუხება	shets'ukheba
preocupar-se (vr)	წუხილი	ts'ukhili
preocupação (f)	წუხილი	ts'ukhili
ansiedade (f)	მღელვარება	mghelvareba
preocupado	შეფიქრიანებული	shepikrianebuli
estar nervoso	ნერვიულობა	nerviuloba
entrar em pânico	პანიკიორობა	p'anik'ioroba
esperança (f)	იმედი	imedi
esperar (vt)	იმედოვნება	imedovneba
certeza (f)	რწმენა	rts'mena
certo	დარწმუნებული	darts'munebuli
indecisão (f)	დაურწმუნებლობა	daurts'muneblobа
indeciso	თავისი თავის რწმენის არმქონე	tavisi tavis rts'menis armkone
ébrio, bêbado	მთვრალი	mtvrali
sóbrio	ფხიზელი	pkhizeli
fraco	სუსტი	sust'i
feliz	ბედნიერი	bednieri
assustar (vt)	შეშინება	sheshineba
fúria (f)	გააფთრება	gaaptreba
ira, raiva (f)	გაშმაგება	gashmageba
depressão (f)	დეპრესია	dep'resia
desconforto (m)	დისკომფორტი	disk'omport'i
conforto (m)	კომფორტი	k'omport'i

arrepender-se (vr)	სინანული	sinanuli
arrependimento (m)	სინანული	sinanuli
azar (m), má sorte (f)	უიღბლობა	uighbloba
tristeza (f)	გულისტკივილი	gulist'k'ivili
vergonha (f)	სირცხვილი	sirtskhvili
alegria (f)	მხიარულება	mkhiaruleba
entusiasmo (m)	ენთუზიაზმი	entuziazmi
entusiasta (m)	ენთუზიასტი	entuziast'i
mostrar entusiasmo	ენთუზიაზმის გამოვლენა	entuziazmis gamovlena

59. Caráter. Personalidade

caráter (m)	ხასიათი	khasiati
falha (f) de caráter	ნაკლი	nak'li
mente (f)	ჭკუა	ch'k'ua
razão (f)	გონება	goneba
consciência (f)	სინდისი	sindisi
hábito (m)	ჩვევა	chveva
habilidade (f)	უნარი	unari
saber (~ nadar, etc.)	ცოდნა	tsodna
paciente	მომთმენი	momtmeni
impaciente	მოუთმენელი	moutmeneli
curioso	ცნობისმოყვარე	tsnobismoqvare
curiosidade (f)	ცნობისმოყვარეობა	tsnobismoqvareoba
modéstia (f)	თავმდაბლობა	tavmdabloba
modesto	თავმდაბალი	tavmdabali
imodesto	მოურიდებელი	mouridebeli
preguiçoso	ზარმაცი	zarmatsi
preguiçoso (m)	ზარმაცი	zarmatsi
astúcia (f)	ეშმაკობა	eshmak'oba
astuto	ეშმაკი	eshmak'i
desconfiança (f)	უნდობლობა	undobloba
desconfiado	უნდობელი	undobeli
generosidade (f)	გულუხვობა	gulukhvoba
generoso	გულუხვი	gulukhvi
talentoso	ნიჭიერი	nich'ieri
talento (m)	ნიჭი	nich'i
corajoso	გულადი	guladi
coragem (f)	გულადობა	guladoba
honesto	პატიოსანი	p'at'iosani
honestidade (f)	პატიოსნება	p'at'iosneba
prudente	ფრთხილი	prtkhili
valente	გაბედული	gabeduli
sério	სერიოზული	seriozuli
severo	მკაცრი	mk'atsri

decidido	გაბედული	gabeduli
indeciso	გაუბედავი	gaubedavi
tímido	გაუბედავი	gaubedavi
timidez (f)	გაუბედაობა	gaubedaoba
confiança (f)	ნდობა	ndoba
confiar (vt)	ნდობა	ndoba
crédulo	მიმნდობელი	mimndobeli
sinceramente	გულწრფელად	gults'rpelad
sincero	გულწრფელი	gults'rpeli
sinceridade (f)	გულწრფელობა	gults'rpeloba
aberto	გულღია	gulghia
calmo	წყნარი	ts'qnari
franco	გულახდილი	gulakhdili
ingénuo	მიამიტი	miamit'i
distraído	დაბნეული	dabneuli
engraçado	სასაცილო	sasatsilo
ganância (f)	სიძუნწე	sidzunts'e
ganancioso	ძუნწი	dzunts'i
avarento	ხელმოჭერილი	khelmoch'erili
mau	ბოროტი	borot'i
teimoso	ჯიუტი	jiut'i
desagradável	არასასიამოვნო	arasasiamovno
egoísta (m)	ეგოისტი	egoist'i
egoísta	ეგოისტური	egoist'uri
cobarde (m)	მშიშარა	mshishara
cobarde	მშიშარა	mshishara

60. O sono. Sonhos

dormir (vi)	დაძინება	dadzineba
sono (m)	ძილი	dzili
sonho (m)	სიზმარი	sizmari
sonhar (vi)	სიზმრების ნახვა	sizmrebis nakhva
sonolento	მძინარე	mdzinare
cama (f)	საწოლი	sats'oli
colchão (m)	ლეიბი	leibi
cobertor (m)	საბანი	sabani
almofada (f)	ბალიში	balishi
lençol (m)	ზეწარი	zets'ari
insónia (f)	უძილობა	udziloba
insone	უძილო	udzilo
sonífero (m)	საძილე წამალი	sadzile ts'amali
tomar um sonífero	საძილე წამლის მიღება	sadzile ts'amlis migheba
bocejar (vi)	მთქნარება	mtknareba
ir para a cama	დასაძინებლად წასვლა	dasadzineblad ts'asvla
fazer a cama	ლოგინის გაშლა	loginis gashla

adormecer (vi)	დაძინება	dadzineba
pesadelo (m)	კოშმარი	k'oshmari
ronco (m)	ხვრინვა	khvrinva
roncar (vi)	ხვრინვა	khvrinva
despertador (m)	მაღვიძარა	maghvidzara
acordar, despertar (vt)	გაღვიძება	gaghvidzeba
acordar (vi)	გაღვიძება	gaghvidzeba
levantar-se (vr)	წამოდგომა	ts'amodgoma
lavar-se (vr)	ხელ-პირის დაბანა	khel-p'iris dabana

61. Humor. Riso. Alegria

humor (m)	იუმორი	iumori
sentido (m) de humor	გრძნობა	grdznoba
divertir-se (vr)	მხიარულება	mkhiaruleba
alegre	მხიარული	mkhiaruli
alegria (f)	მხიარულება	mkhiaruleba
sorriso (m)	ღიმილი	ghimili
sorrir (vi)	გაღიმება	gaghimeba
começar a rir	გაცინება	gatsineba
rir (vi)	სიცილი	sitsili
riso (m)	სიცილი	sitsili
anedota (f)	ანეკდოტი	anek'dot'i
engraçado	სასაცილო	sasatsilo
ridículo	სასაცილო	sasatsilo
brincar, fazer piadas	ხუმრობა	khumroba
piada (f)	ხუმრობა	khumroba
alegria (f)	სიხარული	sikharuli
regozijar-se (vr)	გახარება	gakhareba
alegre	მხიარული	mkhiaruli

62. Discussão, conversação. Parte 1

comunicação (f)	ურთიერთობა	urtiertoba
comunicar-se (vr)	ურთიერთობის ქონა	urtiertobis kona
conversa (f)	ლაპარაკი	lap'arak'i
diálogo (m)	დიალოგი	dialogi
discussão (f)	დისკუსია	disk'usia
debate (m)	კამათი	k'amati
debater (vt)	კამათი	k'amati
interlocutor (m)	თანამოსაუბრე	tanamosaubre
tema (m)	თემა	tema
ponto (m) de vista	თვალსაზრისი	tvalsazrisi
opinião (f)	აზრი	azri
discurso (m)	სიტყვა	sit'qva
discussão (f)	განხილვა	gankhilva

discutir (vt)	განხილვა	gankhilva
conversa (f)	საუბარი	saubari
conversar (vi)	საუბარი	saubari
encontro (m)	შეხვედრა	shekhvedra
encontrar-se (vr)	შეხვედრა	shekhvedra
provérbio (m)	ანდაზა	andaza
ditado (m)	ანდაზური თქმა	andazuri tkma
adivinha (f)	ამოცანა	amotsana
dizer uma adivinha	გამოსაცნობად გამოცანის მიცემა	gamosatsnobad gamotsanis mitsema
senha (f)	პაროლი	p'aroli
segredo (m)	საიდუმლო	saidumlo
juramento (m)	ფიცი	pitsi
jurar (vi)	დაფიცება	dapitseba
promessa (f)	პირობა	p'iroba
prometer (vt)	დაპირება	dap'ireba
conselho (m)	რჩევა	rcheva
aconselhar (vt)	რჩევა	rcheva
escutar (~ os conselhos)	დაჯერება	dajereba
novidade, notícia (f)	ახალი ამბავი	akhali ambavi
sensação (f)	სენსაცია	sensatsia
informação (f)	ცნობები	tsnobebi
conclusão (f)	დასკვნა	dask'vna
voz (f)	ხმა	khma
elogio (m)	კომპლიმენტი	k'omp'liment'i
amável	თავაზიანი	tavaziani
palavra (f)	სიტყვა	sit'qva
frase (f)	ფრაზა	praza
resposta (f)	პასუხი	p'asukhi
verdade (f)	სიმართლე	simartle
mentira (f)	ტყუილი	t'quili
pensamento (m)	აზროვნება	azrovneba
ideia (f)	აზრი	azri
fantasia (f)	გამოგონება	gamogoneba

63. Discussão, conversação. Parte 2

estimado	პატივცემული	p'at'ivtsemuli
respeitar (vt)	პატივისცემა	p'at'ivistsema
respeito (m)	პატივისცემა	p'at'ivistsema
Estimado ..., Caro ...	პატივცემულო ...	p'at'ivtsemulo ...
apresentar (vt)	გაცნობა	gatsnoba
intenção (f)	განზრახვა	ganzrakhva
tencionar (vt)	განზრახვა	ganzrakhva
desejo (m)	სურვილი	survili
desejar (ex. ~ boa sorte)	სურვილი	survili

surpresa (f)	გაკვირვება	gak'virveba
surpreender (vt)	გაკვირვება	gak'virveba
surpreender-se (vr)	გაკვირვება	gak'virveba
dar (vt)	მიცემა	mitsema
pegar (tomar)	აღება	agheba
devolver (vt)	დაბრუნება	dabruneba
retornar (vt)	დაბრუნება	dabruneba
desculpar-se (vr)	ბოდიშის მოხდა	bodishis mokhda
desculpa (f)	ბოდიშის მოხდა	bodishis mokhda
perdoar (vt)	პატიება	p'at'ieba
falar (vi)	ლაპარაკი	lap'arak'i
escutar (vt)	მოსმენა	mosmena
ouvir até o fim	მოსმენა	mosmena
compreender (vt)	გაგება	gageba
mostrar (vt)	ჩვენება	chveneba
olhar para ...	ყურება	qureba
chamar (dizer em voz alta o nome)	დაძახება	dadzakheba
perturbar (vt)	ხელის შეშლა	khelis sheshla
entregar (~ em mãos)	გადაცემა	gadatsema
pedido (m)	თხოვნა	tkhovna
pedir (ex. ~ ajuda)	თხოვნა	tkhovna
exigência (f)	მოთხოვნა	motkhovna
exigir (vt)	მოთხოვნა	motkhovna
chamar nomes (vt)	გაბრაზება	gabrazeba
zombar (vt)	დაცინვა	datsinva
zombaria (f)	დაცინვა	datsinva
alcunha (f)	მეტსახელი	met'sakheli
insinuação (f)	გადაკრული სიტყვა	gadak'ruli sit'qva
insinuar (vt)	სიტყვის გადაკვრა	sit'qvis gadak'vra
subentender (vt)	გულისხმობა	guliskhmoba
descrição (f)	აღწერა	aghts'era
descrever (vt)	აღწერა	aghts'era
elogio (m)	ქება	keba
elogiar (vt)	შექება	shekeba
desapontamento (m)	იმედის გაცრუება	imedis gatsrueba
desapontar (vt)	იმედის გაცრუება	imedis gatsrueba
desapontar-se (vr)	იმედის გაცრუება	imedis gatsrueba
suposição (f)	ვარაუდი	varaudi
supor (vt)	ვარაუდი	varaudi
advertência (f)	გაფრთხილება	gaprtkhileba
advertir (vt)	გაფრთხილება	gaprtkhileba

64. Discussão, conversação. Parte 3

convencer (vt)	დათანხმება	datankhmeba
acalmar (vt)	დამშვიდება	damshvideba
silêncio (o ~ é de ouro)	დუმილი	dumili
ficar em silêncio	დუმილი	dumili
sussurrar (vt)	ჩურჩული	churchuli
sussurro (m)	ჩურჩული	churchuli
francamente	გულახდილად	gulakhdilad
a meu ver ...	ჩემის აზრით ...	chemis azrit ...
detalhe (~ da história)	წვრილმანი	ts'vrilmani
detalhado	დაწვრილებითი	dats'vrilebiti
detalhadamente	დაწვრილებით	dats'vrilebit
dica (f)	კარნახი	k'arnakhi
dar uma dica	კარნახი	k'arnakhi
olhar (m)	გამოხედვა	gamokhedva
dar uma vista de olhos	შეხედვა	shekhedva
fixo (olhar ~)	უსიცოცხლო	usitsotskhlo
piscar (vi)	თვალის ხამხამი	tvalis khamkhami
pestanejar (vt)	თვალის ჩაკვრა	tvalis chak'vra
acenar (com a cabeça)	თავის ქნევა	tavis kneva
suspiro (m)	ამოოხვრა	amookhvra
suspirar (vi)	ამოოხვრა	amookhvra
estremecer (vi)	შეკრთომა	shek'rtoma
gesto (m)	ჟესტი	zhest'i
tocar (com as mãos)	შეხება	shekheba
agarrar (~ pelo braço)	ხელის ჩაჭიდება	khelis chach'ideba
bater de leve	დაკვრა	dak'vra
Cuidado!	ფრთხილად!	prtkhilad!
A sério?	ნუთუ?	nutu?
Tem certeza?	დარწმუნებული ხარ?	darts'munebuli khar?
Boa sorte!	იღბალს გისურვებ!	ighbals gisurveb!
Compreendi!	გასაგებია!	gasagebia!
Que pena!	სამწუხაროა!	samts'ukharoa!

65. Acordo. Recusa

consentimento (~ mútuo)	თანხმობა	tankhmoba
consentir (vi)	დათანხმება	datankhmeba
aprovação (f)	მოწონება	mots'oneba
aprovar (vt)	მოწონება	mots'oneba
recusa (f)	უარი	uari
negar-se (vt)	უარის თქმა	uaris tkma
Está ótimo!	კარგი!	k'argi!
Muito bem!	კარგი!	k'argi!

Está bem! De acordo!	კარგი!	k'argi!
proibido	აკრძალული	ak'rdzaluli
é proibido	არ შეიძლება	ar sheidzleba
é impossível	შეუძლებელია	sheudzlebelia
incorreto	არასწორი	arasts'ori
rejeitar (~ um pedido)	უარის თქმა	uaris tkma
apoiar (vt)	მხარდაჭერა	mkhardach'era
aceitar (desculpas, etc.)	მიღება	migheba
confirmar (vt)	დადასტურება	dadast'ureba
confirmação (f)	დადასტურება	dadast'ureba
permissão (f)	ნებართვა	nebartva
permitir (vt)	ნების დართვა	nebis dartva
decisão (f)	გადაწყვეტილება	gadats'qvet'ileba
não dizer nada	გაჩუმება	gachumeba
condição (com uma ~)	პირობა	p'iroba
pretexto (m)	მომიზეზება	momizezeba
elogio (m)	ქება	keba
elogiar (vt)	შექება	shekeba

66. Sucesso. Boa sorte. Insucesso

êxito, sucesso (m)	წარმატება	ts'armat'eba
com êxito	წარმეტიბით	ts'armet'ibit
bem sucedido	წარმატებული	ts'armat'ebuli
sorte (fortuna)	ბედი	bedi
Boa sorte!	იღბალს გისურვებ!	ighbals gisurveb!
de sorte	წარმატებული	ts'armat'ebuli
sortudo, felizardo	იღბლიანი	ighbliani
fracasso (m)	წარუმატებლობა	ts'arumat'ebloba
pouca sorte (f)	უიღბლობა	uighbloba
azar (m), má sorte (f)	უიღბლობა	uighbloba
mal sucedido	ფუჭი	puch'i
catástrofe (f)	კატასტროფა	k'at'ast'ropa
orgulho (m)	სიამაყე	siamaqe
orgulhoso	ამაყი	amaqi
estar orgulhoso	ამაყობა	amaqoba
vencedor (m)	გამარჯვებული	gamarjvebuli
vencer (vi)	გამარჯვება	gamarjveba
perder (vt)	წაგება	ts'ageba
tentativa (f)	ცდა	tsda
tentar (vt)	ცდა	tsda
chance (m)	შანსი	shansi

67. Conflitos. Emoções negativas

grito (m)	ყვირილი	qvirili
gritar (vi)	ყვირილი	qvirili

começar a gritar	დაყვირება	daqvireba
discussão (f)	ჩხუბი	chkhubi
discutir (vt)	წაჩხუბება	ts'achkhubeba
escândalo (m)	ჩხუბი	chkhubi
criar escândalo	ჩხუბი	chkhubi
conflito (m)	კონფლიქტი	k'onplikt'i
mal-entendido (m)	გაუგებრობა	gaugebroba
insulto (m)	შეურაცხყოფა	sheuratskhqopa
insultar (vt)	შეურაცხყოფა	sheuratskhqopa
insultado	შეურაცხყოფილი	sheuratskhqopili
ofensa (f)	წყენა	ts'qena
ofender (vt)	წყენინება	ts'qenineba
ofender-se (vr)	წყენა	ts'qena
indignação (f)	აღშფოთება	aghshpoteba
indignar-se (vr)	აღშფოთება	aghshpoteba
queixa (f)	ჩივილი	chivili
queixar-se (vr)	ჩივილი	chivili
desculpa (f)	ბოდიშის მოხდა	bodishis mokhda
desculpar-se (vr)	ბოდიშის მოხდა	bodishis mokhda
pedir perdão	პატიების თხოვნა	p'at'iebis tkhovna
crítica (f)	კრიტიკა	k'rit'ik'a
criticar (vt)	გაკრიტიკება	gak'rit'ik'eba
acusação (f)	ბრალდება	braldeba
acusar (vt)	დაბრალება	dabraleba
vingança (f)	შურისძიება	shurisdzieba
vingar (vt)	შურისძიება	shurisdzieba
vingar-se (vr)	სამაგიეროს გადახდა	samagieros gadakhda
desprezo (m)	ზიზღი	zizghi
desprezar (vt)	ზიზღი	zizghi
ódio (m)	სიძულვილი	sidzulvili
odiar (vt)	სიძულვილი	sidzulvili
nervoso	ნერვიული	nerviuli
estar nervoso	ნერვიულობა	nerviuloba
zangado	გაბრაზებული	gabrazebuli
zangar (vt)	გაბრაზება	gabrazeba
humilhação (f)	დამცირება	damtsireba
humilhar (vt)	დამცირება	damtsireba
humilhar-se (vr)	დამცირება	damtsireba
choque (m)	შოკი	shok'i
chocar (vt)	შეცბუნება	shetsbuneba
aborrecimento (m)	უსიამოვნება	usiamovneba
desagradável	არასასიამოვნო	arasasiamovno
medo (m)	შიში	shishi
terrível (tempestade, etc.)	საშინელი	sashineli
assustador (ex. história ~a)	საშინელი	sashineli

horror (m)	საშინელება	sashineleba
horrível (crime, etc.)	საშინელი	sashineli
começar a tremer	აკანკალება	ak'ank'aleba
chorar (vi)	ტირილი	t'irili
começar a chorar	ატირება	at'ireba
lágrima (f)	ცრემლი	tsremli
falta (f)	ბრალი	brali
culpa (f)	ბრალი	brali
desonra (f)	სირცხვილი	sirtskhvili
protesto (m)	პროტესტი	p'rot'est'i
stresse (m)	სტრესი	st'resi
perturbar (vt)	ხელის შეშლა	khelis sheshla
zangar-se com …	გაბრაზება	gabrazeba
zangado	გაბრაზებული	gabrazebuli
terminar (vt)	შეწყვეტა	shets'qvet'a
praguejar	ლანძღვა	landzghva
assustar-se	შეშინება	sheshineba
golpear (vt)	დარტყმა	dart'qma
brigar (na rua, etc.)	ჩხუბი	chkhubi
resolver (o conflito)	მოგვარება	mogvareba
descontente	უკმაყოფილო	uk'maqopilo
furioso	გააფთრებული	gaaptrebuli
Não está bem!	ეს ცუდია!	es tsudia!
É mau!	ეს ცუდია!	es tsudia!

Medicina

68. Doenças

doença (f)	ავადმყოფობა	avadmqopoba
estar doente	ავადმყოფობა	avadmqopoba
saúde (f)	ჯანმრთელობა	janmrteloba
nariz (m) a escorrer	სურდო	surdo
amigdalite (f)	ანგინა	angina
constipação (f)	გაცივება	gatsiveba
constipar-se (vr)	გაცივება	gatsiveba
bronquite (f)	ბრონქიტი	bronkit'i
pneumonia (f)	ფილტვების ანთება	pilt'vebis anteba
gripe (f)	გრიპი	grip'i
míope	ახლომხედველი	akhlomkhedveli
presbita	შორსმხედველი	shorsmkhedveli
estrabismo (m)	სიელმე	sielme
estrábico	ელამი	elami
catarata (f)	კატარაქტა	k'at'arakt'a
glaucoma (m)	გლაუკომა	glauk'oma
AVC (m), apoplexia (f)	ინსულტი	insult'i
ataque (m) cardíaco	ინფარქტი	inparkt'i
enfarte (m) do miocárdio	მიოკარდის ინფარქტი	miok'ardis inparkt'i
paralisia (f)	დამბლა	dambla
paralisar (vt)	დამბლის დაცემა	damblis datsema
alergia (f)	ალერგია	alergia
asma (f)	ასთმა	astma
diabetes (f)	დიაბეტი	diabet'i
dor (f) de dentes	კბილის ტკივილი	k'bilis t'k'ivili
cárie (f)	კარიესი	k'ariesi
diarreia (f)	დიარეა	diarea
prisão (f) de ventre	კუჭში შეკრულობა	k'uch'shi shek'ruloba
desarranjo (m) intestinal	კუჭის აშლილობა	k'uch'is ashliloba
intoxicação (f) alimentar	მოწამვლა	mots'amvla
intoxicar-se	მოწამვლა	mots'amvla
artrite (f)	ართრიტი	artrit'i
raquitismo (m)	რაქიტი	rakit'i
reumatismo (m)	რევმატიზმი	revmat'izmi
arteriosclerose (f)	ათეროსკლეროზი	aterosk'lerozi
gastrite (f)	გასტრიტი	gast'rit'i
apendicite (f)	აპენდიციტი	ap'enditsit'i

colecistite (f)	ქოლეცისტიტი	koletsist'it'i
úlcera (f)	წყლული	ts'qluli
sarampo (m)	წითელა	ts'itela
rubéola (f)	წითურა	ts'itura
iterícia (f)	სიყვითლე	siqvitle
hepatite (f)	ჰეპატიტი	hep'at'it'i
esquizofrenia (f)	შიზოფრენია	shizoprenia
raiva (f)	ცოფი	tsopi
neurose (f)	ნევროზი	nevrozi
comoção (f) cerebral	ტვინის შერყევა	t'vinis sherqeva
cancro (m)	კიბო	k'ibo
esclerose (f)	სკლეროზი	sk'lerozi
esclerose (f) múltipla	გაფანტული სკლეროზი	gapant'uli sk'lerozi
alcoolismo (m)	ალკოჰოლიზმი	alk'oholizmi
alcoólico (m)	ალკოჰოლიკი	alk'oholik'i
sífilis (f)	სიფილისი	sipilisi
SIDA (f)	შიდსი	shidsi
tumor (m)	სიმსივნე	simsivne
febre (f)	ციება	tsieba
malária (f)	მალარია	malaria
gangrena (f)	განგრენა	gangrena
enjoo (m)	ზღვის ავადმყოფობა	zghvis avadmqopoba
epilepsia (f)	ეპილეფსია	ep'ilepsia
epidemia (f)	ეპიდემია	ep'idemia
tifo (m)	ტიფი	t'ipi
tuberculose (f)	ტუბერკულოზი	t'uberk'ulozi
cólera (f)	ქოლერა	kolera
peste (f)	შავი ჭირი	shavi ch'iri

69. Sintomas. Tratamentos. Parte 1

sintoma (m)	სიმპტომი	simp't'omi
temperatura (f)	სიცხე	sitskhe
febre (f)	მაღალი სიცხე	maghali sitskhe
pulso (m)	პულსი	p'ulsi
vertigem (f)	თავბრუსხვევა	tavbruskhveva
quente (testa, etc.)	ცხელი	tskheli
calafrio (m)	შეციება	shetsieba
pálido	ფერმიხდილი	permikhdili
tosse (f)	ხველა	khvela
tossir (vi)	ხველება	khveleba
espirrar (vi)	ცხვირის ცემინება	tskhviris tsemineba
desmaio (m)	გულის წასვლა	gulis ts'asvla
desmaiar (vi)	გულის წასვლა	gulis ts'asvla
nódoa (f) negra	ლები	lebi
galo (m)	კოპი	k'op'i

magoar-se (vr)	დაჯახება	dajakheba
pisadura (f)	დაჟეჟილობა	dazhezhiloba
aleijar-se (vr)	დაჟეჟვა	dazhezhva
coxear (vi)	კოჭლობა	k'och'loba
deslocação (f)	ღრძობა	ghrdzoba
deslocar (vt)	ღრძობა	ghrdzoba
fratura (f)	მოტეხილობა	mot'ekhiloba
fraturar (vt)	მოტეხა	mot'ekha
corte (m)	ჭრილობა	ch'riloba
cortar-se (vr)	გაჭრა	gach'ra
hemorragia (f)	სისხლდენა	siskhldena
queimadura (f)	დამწვრობა	damts'vroba
queimar-se (vr)	დაწვა	dats'va
picar (vt)	ჩხვლეტა	chkhvlet'a
picar-se (vr)	ჩხვლეტა	chkhvlet'a
lesionar (vt)	დაზიანება	dazianeba
lesão (m)	დაზიანება	dazianeba
ferida (f), ferimento (m)	ჭრილობა	ch'riloba
trauma (m)	ტრავმა	t'ravma
delirar (vi)	ბოდვა	bodva
gaguejar (vi)	ბორძიკით ლაპარაკი	bordzik'it lap'arak'i
insolação (f)	მზის დაკვრა	mzis dak'vra

70. Sintomas. Tratamentos. Parte 2

dor (f)	ტკივილი	t'k'ivili
farpa (no dedo)	ხიწვი	khits'vi
suor (m)	ოფლი	opli
suar (vi)	გაოფლიანება	gaoplianeba
vómito (m)	პირღებინება	p'irghebineba
convulsões (f pl)	კრუნჩხვები	k'runchkhvebi
grávida	ორსული	orsuli
nascer (vi)	დაბადება	dabadeba
parto (m)	მშობიარობა	mshobiaroba
dar à luz	გაჩენა	gachena
aborto (m)	აბორტი	abort'i
respiração (f)	სუნთქვა	suntkva
inspiração (f)	შესუნთქვა	shesuntkva
expiração (f)	ამოსუნთქვა	amosuntkva
expirar (vi)	ამოსუნთქვა	amosuntkva
inspirar (vi)	შესუნთქვა	shesuntkva
inválido (m)	ინვალიდი	invalidi
aleijado (m)	ხეიბარი	kheibari
toxicodependente (m)	ნარკომანი	nark'omani
surdo	ყრუ	qru

mudo	მუნჯი	munji
surdo-mudo	ყრუ-მუნჯი	qru-munji
louco (adj.)	გიჟი	gizhi
louco (m)	გიჟი	gizhi
louca (f)	გიჟი	gizhi
ficar louco	ჭკუაზე შეშლა	ch'k'uaze sheshla
gene (m)	გენი	geni
imunidade (f)	იმუნიტეტი	imunit'et'i
hereditário	მემკვიდრეობითი	memk'vidreobiti
congénito	თანდაყოლილი	tandaqolili
vírus (m)	ვირუსი	virusi
micróbio (m)	მიკრობი	mik'robi
bactéria (f)	ბაქტერია	bakt'eria
infeção (f)	ინფექცია	inpektsia

71. Sintomas. Tratamentos. Parte 3

hospital (m)	საავადმყოფო	saavadmqopo
paciente (m)	პაციენტი	p'atsient'i
diagnóstico (m)	დიაგნოზი	diagnozi
cura (f)	მკურნალობა	mk'urnaloba
curar-se (vr)	მკურნალობა	mk'urnaloba
tratar (vt)	მკურნალობა	mk'urnaloba
cuidar (pessoa)	მოვლა	movla
cuidados (m pl)	მოვლა	movla
operação (f)	ოპერაცია	op'eratsia
enfaixar (vt)	შეხვევა	shekhveva
enfaixamento (m)	სახვევი	sakhvevi
vacinação (f)	აცრა	atsra
vacinar (vt)	აცრის გაკეთება	atsris gak'eteba
injeção (f)	ნემსი	nemsi
dar uma injeção	ნემსის გაკეთება	nemsis gak'eteba
ataque (~ de asma, etc.)	შეტევა	shet'eva
amputação (f)	ამპუტაცია	amp'ut'atsia
amputar (vt)	ამპუტირება	amp'ut'ireba
coma (f)	კომა	k'oma
estar em coma	კომაში ყოფნა	k'omashi qopna
reanimação (f)	რეანიმაცია	reanimatsia
recuperar-se (vr)	გამოჯანმრთელება	gamojanmrteleba
estado (~ de saúde)	მდგომარეობა	mdgomareoba
consciência (f)	ცნობიერება	tsnobiereba
memória (f)	მეხსიერება	mekhsiereba
tirar (vt)	ამოღება	amogheba
chumbo (m), obturação (f)	ბჟენი	bzheni
chumbar, obturar (vt)	დაბჟენა	dabzhena

hipnose (f)	ჰიპნოზი	hip'nozi
hipnotizar (vt)	ჰიპნოტიზირება	hip'not'izireba

72. Médicos

médico (m)	ექიმი	ekimi
enfermeira (f)	მედდა	medda
médico (m) pessoal	პირადი ექიმი	p'iradi ekimi
dentista (m)	დანტისტი	dant'ist'i
oculista (m)	ოკულისტი	ok'ulist'i
terapeuta (m)	თერაპევტი	terap'evt'i
cirurgião (m)	ქირურგი	kirurgi
psiquiatra (m)	ფსიქიატრი	psikiat'ri
pediatra (m)	პედიატრი	p'ediat'ri
psicólogo (m)	ფსიქოლოგი	psikologi
ginecologista (m)	გინეკოლოგი	ginek'ologi
cardiologista (m)	კარდიოლოგი	k'ardiologi

73. Medicina. Drogas. Acessórios

medicamento (m)	წამალი	ts'amali
remédio (m)	საშუალება	sashualeba
receitar (vt)	გამოწერა	gamots'era
receita (f)	რეცეპტი	retsep't'i
comprimido (m)	აბი	abi
pomada (f)	მალამო	malamo
ampola (f)	ამპულა	amp'ula
preparado (m)	მიქსტურა	mikst'ura
xarope (m)	სიროფი	siropi
cápsula (f)	აბი	abi
remédio (m) em pó	ფხვნილი	pkhvnili
ligadura (f)	ბინტი	bint'i
algodão (m)	ბამბა	bamba
iodo (m)	იოდი	iodi
penso (m) rápido	ლეიკოპლასტირი	leik'op'last'iri
conta-gotas (m)	პიპეტი	p'ip'et'i
termómetro (m)	სიცხის საზომი	sitskhis sazomi
seringa (f)	შპრიცი	shp'ritsi
cadeira (f) de rodas	ეტლი	et'li
muletas (f pl)	ყავარჯნები	qavarjnebi
analgésico (m)	ტკივილგამაყუჩებელი	t'k'ivilgamaquchebeli
laxante (m)	სასაქმებელი	sasakmebeli
álcool (m) etílico	სპირტი	sp'irt'i
ervas (f pl) medicinais	ბალახი	balakhi
de ervas (chá ~)	ბალახისა	balakhisa

74. Fumar. Produtos tabágicos

tabaco (m)	თამბაქო	tambako
cigarro (m)	სიგარეტი	sigaret'i
charuto (m)	სიგარა	sigara
cachimbo (m)	ჩიბუხი	chibukhi
maço (~ de cigarros)	კოლოფი	k'olopi
fósforos (m pl)	ასანთი	asanti
caixa (f) de fósforos	ასანთის კოლოფი	asantis k'olopi
isqueiro (m)	სანთებელა	santebela
cinzeiro (m)	საფერფლე	saperple
cigarreira (f)	პორტსიგარი	p'ort'sigari
boquilha (f)	მუნდშტუკი	mundsht'uk'i
filtro (m)	ფილტრი	pilt'ri
fumar (vi, vt)	მოწევა	mots'eva
acender um cigarro	მოკიდება	mok'ideba
tabagismo (m)	მოწევა	mots'eva
fumador (m)	მწეველი	mts'eveli
beata (f)	ნამწვი	namts'vi
fumo (m)	კვამლი	k'vamli
cinza (f)	ფერფლი	perpli

HABITAT HUMANO

Cidade

75. Cidade. Vida na cidade

cidade (f)	ქალაქი	kalaki
capital (f)	დედაქალაქი	dedakalaki
aldeia (f)	სოფელი	sopeli
mapa (m) da cidade	ქალაქის გეგმა	kalakis gegma
centro (m) da cidade	ქალაქის ცენტრი	kalakis tsent'ri
subúrbio (m)	გარეუბანი	gareubani
suburbano	გარეუბნისა	gareubnisa
periferia (f)	გარეუბანი	gareubani
arredores (m pl)	მიდამოები	midamoebi
quarteirão (m)	კვარტალი	k'vart'ali
quarteirão (m) residencial	საცხოვრებელი კვარტალი	satskhovrebeli k'vart'ali
tráfego (m)	ქუჩაში მოძრაობა	kuchashi modzraoba
semáforo (m)	შუქნიშანი	shuknishani
transporte (m) público	ქალაქის ტრანსპორტი	kalakis t'ransp'ort'i
cruzamento (m)	გზაჯვარედინი	gzajvaredini
passadeira (f)	საქვეითო გადასასვლელი	sakveito gadasasvleli
passagem (f) subterrânea	მიწისქვეშა გადასასვლელი	mits'iskvesha gadasasvleli
cruzar, atravessar (vt)	გადასვლა	gadasvla
peão (m)	ფეხით მოსიარულე	pekhit mosiarule
passeio (m)	ტროტუარი	t'rot'uari
ponte (f)	ხიდი	khidi
margem (f) do rio	სანაპირო	sanap'iro
alameda (f)	ხეივანი	kheivani
parque (m)	პარკი	p'ark'i
bulevar (m)	ბულვარი	bulvari
praça (f)	მოედანი	moedani
avenida (f)	გამზირი	gamziri
rua (f)	ქუჩა	kucha
travessa (f)	შესახვევი	shesakhvevi
beco (m) sem saída	ჩიხი	chikhi
casa (f)	სახლი	sakhli
edifício, prédio (m)	შენობა	shenoba
arranha-céus (m)	ცათამბჯენი	tsatambjeni
fachada (f)	ფასადი	pasadi
telhado (m)	სახურავი	sakhuravi

janela (f)	ფანჯარა	panjara
arco (m)	თაღი	taghi
coluna (f)	სვეტი	svet'i
esquina (f)	კუთხე	k'utkhe
montra (f)	ვიტრინა	vit'rina
letreiro (m)	აბრა	abra
cartaz (m)	აფიშა	apisha
cartaz (m) publicitário	სარეკლამო პლაკატი	sarek'lamo p'lak'at'i
painel (m) publicitário	სარეკლამო ფარი	sarek'lamo pari
lixo (m)	ნაგავი	nagavi
cesta (f) do lixo	ურნა	urna
jogar lixo na rua	მონაგვიანება	monagvianeba
aterro (m) sanitário	ნაგავსაყრელი	nagavsaqreli
cabine (f) telefónica	სატელეფონო ჯიხური	sat'elepono jikhuri
candeeiro (m) de rua	ფარნის ბოძი	parnis bodzi
banco (m)	სკამი	sk'ami
polícia (m)	პოლიციელი	p'olitsieli
polícia (instituição)	პოლიცია	p'olitsia
mendigo (m)	მათხოვარი	matkhovari
sem-abrigo (m)	უსახლკარო	usakhlk'aro

76. Instituições urbanas

loja (f)	მაღაზია	maghazia
farmácia (f)	აფთიაქი	aptiaki
ótica (f)	ოპტიკა	op't'ik'a
centro (m) comercial	სავაჭრო ცენტრი	savach'ro tsent'ri
supermercado (m)	სუპერმარკეტი	sup'ermark'et'i
padaria (f)	საფუნთუშე	sapuntushe
padeiro (m)	მცხობელი	mtskhobeli
pastelaria (f)	საკონდიტრო	sak'ondit'ro
mercearia (f)	საბაყლო	sabaqlo
talho (m)	საყასბე	saqasbe
loja (f) de legumes	ბოსტნეულის დუქანი	bost'neulis dukani
mercado (m)	ბაზარი	bazari
café (m)	ყავახანა	qavakhana
restaurante (m)	რესტორანი	rest'orani
bar (m), cervejaria (f)	ლუდხანა	ludkhana
pizzaria (f)	პიცერია	p'itseria
salão (m) de cabeleireiro	საპარიკმახერო	sap'arik'makhero
correios (m pl)	ფოსტა	post'a
lavandaria (f)	ქიმწმენდა	kimts'menda
estúdio (m) fotográfico	ფოტოატელიე	pot'oat'elie
sapataria (f)	ფეხსაცმლის მაღაზია	pekhsatsmlis maghazia
livraria (f)	წიგნების მაღაზია	ts'ignebis maghazia

Português	Georgiano	Transliteração
loja (f) de artigos de desporto	სპორტული მაღაზია	sp'ort'uli maghazia
reparação (f) de roupa	ტანსაცმლის შეკეთება	t'ansatsmlis shek'eteba
aluguer (m) de roupa	ტანსაცმლის გაქირავება	t'ansatsmlis gakiraveba
aluguer (m) de filmes	ფილმების გაქირავება	pilmebis gakiraveba
circo (m)	ცირკი	tsirk'i
jardim (m) zoológico	ზოოპარკი	zoop'ark'i
cinema (m)	კინოთეატრი	k'inoteat'ri
museu (m)	მუზეუმი	muzeumi
biblioteca (f)	ბიბლიოთეკა	bibliotek'a
teatro (m)	თეატრი	teat'ri
ópera (f)	ოპერა	op'era
clube (m) noturno	ღამის კლუბი	ghamis k'lubi
casino (m)	სამორინე	samorine
mesquita (f)	მეჩეთი	mecheti
sinagoga (f)	სინაგოგა	sinagoga
catedral (f)	ტაძარი	t'adzari
templo (m)	ტაძარი	t'adzari
igreja (f)	ეკლესია	ek'lesia
instituto (m)	ინსტიტუტი	inst'it'ut'i
universidade (f)	უნივერსიტეტი	universit'et'i
escola (f)	სკოლა	sk'ola
prefeitura (f)	პრეფექტურა	p'repekt'ura
câmara (f) municipal	მერია	meria
hotel (m)	სასტუმრო	sast'umro
banco (m)	ბანკი	bank'i
embaixada (f)	საელჩო	saelcho
agência (f) de viagens	ტურისტული სააგენტო	t'urist'uli saagent'o
agência (f) de informações	ცნობათა ბიურო	tsnobata biuro
casa (f) de câmbio	გაცვლითი პუნქტი	gatsvliti p'unkt'i
metro (m)	მეტრო	met'ro
hospital (m)	საავადმყოფო	saavadmqopo
posto (m) de gasolina	ბენზინგასამართი სადგური	benzingasamarti sadguri
parque (m) de estacionamento	ავტოსადგომი	avt'osadgomi

77. Transportes urbanos

Português	Georgiano	Transliteração
autocarro (m)	ავტობუსი	avt'obusi
elétrico (m)	ტრამვაი	t'ramvai
troleicarro (m)	ტროლეიბუსი	t'roleibusi
itinerário (m)	მარშრუტი	marshrut'i
número (m)	ნომერი	nomeri
ir de … (carro, etc.)	მგზავრობა	mgzavroba
entrar (~ no autocarro)	ჩაჯდომა	chajdoma
descer de …	ჩამოსვლა	chamosvla
paragem (f)	გაჩერება	gachereba

próxima paragem (f)	შემდეგი გაჩერება	shemdegi gachereba
ponto (m) final	ბოლო გაჩერება	bolo gachereba
horário (m)	განრიგი	ganrigi
esperar (vt)	ლოდინი	lodini
bilhete (m)	ბილეთი	bileti
custo (m) do bilhete	ბილეთის ღირებულება	biletis ghirebuleba
bilheteiro (m)	მოლარე	molare
controlo (m) dos bilhetes	კონტროლი	k'ont'roli
revisor (m)	კონტროლიორი	k'ont'roliori
atrasar-se (vr)	დაგვიანება	dagvianeba
perder (o autocarro, etc.)	დაგვიანება	dagvianeba
estar com pressa	აჩქარება	achkareba
táxi (m)	ტაქსი	t'aksi
taxista (m)	ტაქსისტი	t'aksist'i
de táxi (ir ~)	ტაქსით	t'aksit
praça (f) de táxis	ტაქსის სადგომი	t'aksis sadgomi
chamar um táxi	ტაქსის გამოძახება	t'aksis gamodzakheba
apanhar um táxi	ტაქსის აყვანა	t'aksis aqvana
tráfego (m)	ქუჩაში მოძრაობა	kuchashi modzraoba
engarrafamento (m)	საცობი	satsobi
horas (f pl) de ponta	პიკის საათები	p'ik'is saatebi
estacionar (vi)	პარკირება	p'ark'ireba
estacionar (vt)	პარკირება	p'ark'ireba
parque (m) de estacionamento	სადგომი	sadgomi
metro (m)	მეტრო	met'ro
estação (f)	სადგური	sadguri
ir de metro	მეტროთი მგზავრობა	met'roti mgzavroba
comboio (m)	მატარებელი	mat'arebeli
estação (f)	ვაგზალი	vagzali

78. Turismo

monumento (m)	ძეგლი	dzegli
fortaleza (f)	ციხე-სიმაგრე	tsikhe-simagre
palácio (m)	სასახლე	sasakhle
castelo (m)	ციხე-დარბაზი	tsikhe-darbazi
torre (f)	კოშკი	k'oshk'i
mausoléu (m)	მავზოლეუმი	mavzoleumi
arquitetura (f)	არქიტექტურა	arkit'ekt'ura
medieval	შუა საუკუნეებისა	shua sauk'uneebisa
antigo	ძველებური	dzveleburi
nacional	ეროვნული	erovnuli
conhecido	ცნობილი	tsnobili
turista (m)	ტურისტი	t'urist'i
guia (pessoa)	გიდი	gidi
excursão (f)	ექსკურსია	eksk'ursia

mostrar (vt)	ჩვენება	chveneba
contar (vt)	მოთხრობა	motkhroba
encontrar (vt)	პოვნა	p'ovna
perder-se (vr)	დაკარგვა	dak'argva
mapa (~ do metrô)	სქემა	skema
mapa (~ da cidade)	გეგმა	gegma
lembrança (f), presente (m)	სუვენირი	suveniri
loja (f) de presentes	სუვენირების მაღაზია	suvenirebis maghazia
fotografar (vt)	სურათის გადაღება	suratis gadagheba
fotografar-se	სურათის გადაღება	suratis gadagheba

79. Compras

comprar (vt)	ყიდვა	qidva
compra (f)	ნაყიდი	naqidi
compras (f pl)	შოპინგი	shop'ingi
estar aberta (loja, etc.)	მუშაობა	mushaoba
estar fechada	დაკეტვა	dak'et'va
calçado (m)	ფეხსაცმელი	pekhsatsmeli
roupa (f)	ტანსაცმელი	t'ansatsmeli
cosméticos (m pl)	კოსმეტიკა	k'osmet'ik'a
alimentos (m pl)	პროდუქტები	p'rodukt'ebi
presente (m)	საჩუქარი	sachukari
vendedor (m)	გამყიდველი	gamqidveli
vendedora (f)	გამყიდველი	gamqidveli
caixa (f)	სალარო	salaro
espelho (m)	სარკე	sark'e
balcão (m)	დახლი	dakhli
cabine (f) de provas	მოსაზომი ოთახი	mosazomi otakhi
provar (vt)	მოზომება	mozomeba
servir (vi)	მორგება	morgeba
gostar (apreciar)	მოწონება	mots'oneba
preço (m)	ფასი	pasi
etiqueta (f) de preço	საფასარი	sapasari
custar (vt)	ღირება	ghireba
Quanto?	რამდენი?	ramdeni?
desconto (m)	ფასდაკლება	pasdak'leba
não caro	საკმაოდ იაფი	sak'maod iapi
barato	იაფი	iapi
caro	ძვირი	dzviri
É caro	ეს ძვირია	es dzviria
aluguer (m)	გაქირავება	gakiraveba
alugar (vestidos, etc.)	ქირით აღება	kirit agheba
crédito (m)	კრედიტი	k'redit'i
a crédito	სესხად	seskhad

80. Dinheiro

dinheiro (m)	ფული	puli
câmbio (m)	გაცვლა	gatsvla
taxa (f) de câmbio	კურსი	k'ursi
Caixa Multibanco (m)	ბანკომატი	bank'omat'i
moeda (f)	მონეტა	monet'a
dólar (m)	დოლარი	dolari
euro (m)	ევრო	evro
lira (f)	ლირა	lira
marco (m)	მარკა	mark'a
franco (m)	ფრანკი	prank'i
libra (f) esterlina	გირვანქა სტერლინგი	girvanka st'erlingi
iene (m)	იენა	iena
dívida (f)	ვალი	vali
devedor (m)	მოვალე	movale
emprestar (vt)	ნისიად მიცემა	nisiad mitsema
pedir emprestado	ნისიად აღება	nisiad agheba
banco (m)	ბანკი	bank'i
conta (f)	ანგარიში	angarishi
depositar na conta	ანგარიშზე დადება	angarishze dadeba
levantar (vt)	ანგარიშიდან მოხსნა	angarishidan mokhsna
cartão (m) de crédito	საკრედიტო ბარათი	sak'redit'o barati
dinheiro (m) vivo	ნაღდი ფული	naghdi puli
cheque (m)	ჩეკი	chek'i
passar um cheque	ჩეკის გამოწერა	chek'is gamots'era
livro (m) de cheques	ჩეკების წიგნაკი	chek'ebis ts'ignak'i
carteira (f)	საფულე	sapule
porta-moedas (m)	საფულე	sapule
cofre (m)	სეიფი	seipi
herdeiro (m)	მემკვიდრე	memk'vidre
herança (f)	მემკვიდრეობა	memk'vidreoba
fortuna (riqueza)	ქონება	koneba
arrendamento (m)	იჯარა	ijara
renda (f) de casa	ბინის ქირა	binis kira
alugar (vt)	დაქირავება	dakiraveba
preço (m)	ფასი	pasi
custo (m)	ღირებულება	ghirebuleba
soma (f)	თანხა	tankha
gastar (vt)	ხარჯვა	kharjva
gastos (m pl)	ხარჯები	kharjebi
economizar (vi)	დაზოგვა	dazogva
económico	მომჭირნე	momch'irne
pagar (vt)	გადახდა	gadakhda
pagamento (m)	საზღაური	sazghauri

troco (m)	ხურდა	khurda
imposto (m)	გადასახადი	gadasakhadi
multa (f)	ჯარიმა	jarima
multar (vt)	დაჯარიმება	dajarimeba

81. Correios. Serviço postal

correios (m pl)	ფოსტა	post'a
correio (m)	ფოსტა	post'a
carteiro (m)	ფოსტალიონი	post'alioni
horário (m)	სამუშაო საათები	samushao saatebi
carta (f)	წერილი	ts'erili
carta (f) registada	დაზღვეული წერილი	dazghveuli ts'erili
postal (m)	ღია ბარათი	ghia barati
telegrama (m)	დეპეშა	dep'esha
encomenda (f) postal	ამანათი	amanati
remessa (f) de dinheiro	ფულადი გზავნილი	puladi gzavnili
receber (vt)	მიღება	migheba
enviar (vt)	გაგზავნა	gagzavna
envio (m)	გაგზავნა	gagzavna
endereço (m)	მისამართი	misamarti
código (m) postal	ინდექსი	indeksi
remetente (m)	გამგზავნი	gamgzavni
destinatário (m)	მიმღები	mimghebi
nome (m)	სახელი	sakheli
apelido (m)	გვარი	gvari
tarifa (f)	ტარიფი	t'aripi
ordinário	ჩვეულებრივი	chveulebrivi
económico	ეკონომიური	ek'onomiuri
peso (m)	წონა	ts'ona
pesar (estabelecer o peso)	აწონვა	ats'onva
envelope (m)	კონვერტი	k'onvert'i
selo (m)	მარკა	mark'a

Moradia. Casa. Lar

82. Casa. Habitação

casa (f)	სახლი	sakhli
em casa	შინ	shin
pátio (m)	ეზო	ezo
cerca (f)	გალავანი	galavani
tijolo (m)	აგური	aguri
de tijolos	აგურისა	agurisa
pedra (f)	ქვა	kva
de pedra	ქვისა	kvisa
betão (m)	ბეტონი	bet'oni
de betão	ბეტონისა	bet'onisa
novo	ახალი	akhali
velho	ძველი	dzveli
decrépito	ძველი	dzveli
moderno	თანამედროვე	tanamedrove
de muitos andares	მრავალსართულიანი	mravalsartuliani
alto	მაღალი	maghali
andar (m)	სართული	sartuli
de um andar	ერთსართულიანი	ertsartuliani
andar (m) de baixo	ქვედა სართული	kveda sartuli
andar (m) de cima	ზედა სართული	zeda sartuli
telhado (m)	სახურავი	sakhuravi
chaminé (f)	მილი	mili
telha (f)	კრამიტი	k'ramit'i
de telha	კრამიტისა	k'ramit'isa
sótão (m)	სხვენი	skhveni
janela (f)	ფანჯარა	panjara
vidro (m)	მინა	mina
parapeito (m)	ფანჯრის რაფა	panjris rapa
portadas (f pl)	დარაბები	darabebi
parede (f)	კედელი	k'edeli
varanda (f)	აივანი	aivani
tubo (m) de queda	წყალსადინარი მილი	ts'qalsadinari mili
em cima	ზევით	zevit
subir (~ as escadas)	ასვლა	asvla
descer (vi)	ჩასვლა	chasvla
mudar-se (vr)	გადასვლა	gadasvla

83. Casa. Entrada. Elevador

entrada (f)	სადარბაზო	sadarbazo
escada (f)	კიბე	k'ibe
degraus (m pl)	საფეხურები	sapekhurebi
corrimão (m)	მოაჯირი	moajiri
hall (m) de entrada	ჰოლი	holi
caixa (f) de correio	საფოსტო ყუთი	sapost'o quti
caixote (m) do lixo	სანაგვე ბაკი	sanagve bak'i
conduta (f) do lixo	ნაგავსატარი	nagavsat'ari
elevador (m)	ლიფტი	lipt'i
elevador (m) de carga	სატვირთო ლიფტი	sat'virto lipt'i
cabine (f)	კაბინა	k'abina
pegar o elevador	ლიფტით მგზავრობა	lipt'it mgzavroba
apartamento (m)	ბინა	bina
moradores (m pl)	მობინადრეები	mobinadreebi
vizinhos (pl)	მეზობლები	mezoblebi

84. Casa. Portas. Fechaduras

porta (f)	კარი	k'ari
portão (m)	ჭიშკარი	ch'ishk'ari
maçaneta (f)	სახელური	sakheluri
destrancar (vt)	გაღება	gagheba
abrir (vt)	გაღება	gagheba
fechar (vt)	დაკეტვა	dak'et'va
chave (f)	გასაღები	gasaghebi
molho (m)	ასხმულა	askhmula
ranger (vi)	ჭრიალი	ch'riali
rangido (m)	ჭრიალი	ch'riali
dobradiça (f)	ანჯამა	anjama
tapete (m) de entrada	პატარა ნოხი	p'at'ara nokhi
fechadura (f)	საკეტი	sak'et'i
buraco (m) da fechadura	საკლიტე	sak'lit'e
ferrolho (m)	ურდული	urduli
fecho (ferrolho pequeno)	ურდული	urduli
cadeado (m)	ბოქლომი	boklomi
tocar (vt)	რეკვა	rek'va
toque (m)	ზარი	zari
campainha (f)	ზარი	zari
botão (m)	ღილაკი	ghilak'i
batida (f)	კაკუნი	k'ak'uni
bater (vi)	კაკუნი	k'ak'uni
código (m)	კოდი	k'odi
fechadura (f) de código	კოდის საკეტი	k'odis sak'et'i
telefone (m) de porta	დომოფონი	domoponi

número (m) ნომერი nomeri
placa (f) de porta ფირნიში pirnishi
vigia (f), olho (m) mágico სათვალთვალო satvaltvalo

85. Casa de campo

aldeia (f) სოფელი sopeli
horta (f) ბოსტანი bost'ani
cerca (f) ღობე ghobe
paliçada (f) ღობე ghobe
cancela (f) do jardim პატარა ჭიშკარი p'at'ara ch'ishk'ari

celeiro (m) ბეღელი begheli
adega (f) სარდაფი sardapi
galpão, barracão (m) ფარდული parduli
poço (m) ჭა ch'a

fogão (m) ღუმელი ghumeli
atiçar o fogo დანთება danteba
lenha (carvão ou ~) შეშა shesha
acha (lenha) ნაპობი nap'obi

varanda (f) ვერანდა veranda
alpendre (m) ტერასა t'erasa
degraus (m pl) de entrada პარმაღი p'armaghi
balouço (m) საქანელა sakanela

86. Castelo. Palácio

castelo (m) ციხე-დარბაზი tsikhe-darbazi
palácio (m) სასახლე sasakhle
fortaleza (f) ციხე-სიმაგრე tsikhe-simagre
muralha (f) გალავანი galavani
torre (f) კოშკი k'oshk'i
calabouço (m) მთავარი კოშკი mtavari k'oshk'i

grade (f) levadiça ასაწევი ჭიშკარი asats'evi ch'ishk'ari
passagem (f) subterrânea მიწისქვეშა გასასვლელი mits'iskvesha gasasvleli
fosso (m) თხრილი tkhrili
corrente, cadeia (f) ჯაჭვი jach'vi
seteira (f) სათოფური satopuri
magnífico ჩინებული chinebuli
majestoso დიდებული didebuli
inexpugnável მიუდგომელი miudgomeli
medieval შუა საუკუნეებისა shua sauk'uneebisa

87. Apartamento

apartamento (m) ბინა bina
quarto (m) ოთახი otakhi

quarto (m) de dormir	საწოლი ოთახი	sats'oli otakhi
sala (f) de jantar	სასადილო ოთახი	sasadilo otakhi
sala (f) de estar	სასტუმრო ოთახი	sast'umro otakhi
escritório (m)	კაბინეტი	k'abinet'i
antessala (f)	წინა ოთახი	ts'ina otakhi
quarto (m) de banho	სააბაზანო ოთახი	saabazano otakhi
toilette (lavabo)	საპირფარეშო	sap'irparesho
teto (m)	ჭერი	ch'eri
chão, soalho (m)	იატაკი	iat'ak'i
canto (m)	კუთხე	k'utkhe

88. Apartamento. Limpeza

arrumar, limpar (vt)	დალაგება	dalageba
guardar (no armário, etc.)	აღება	agheba
pó (m)	მტვერი	mt'veri
empoeirado	მტვრიანი	mt'vriani
limpar o pó	მტვრის მოწმენდა	mt'vris mots'menda
aspirador (m)	მტვერსასრუტი	mt'versasrut'i
aspirar (vt)	მტვერსასრუტით მოწმენდა	mt'versasrut'it mots'menda
varrer (vt)	დაგვა	dagva
sujeira (f)	ნაგავი	nagavi
arrumação (f), ordem (f)	წესრიგი	ts'esrigi
desordem (f)	უწესრიგობა	uts'esrigoba
esfregão (m)	შვაბრა	shvabra
pano (m), trapo (m)	ჩვარი	chvari
vassoura (f)	ცოცხი	tsotskhi
pá (f) de lixo	აქანდაზი	akandazi

89. Mobiliário. Interior

mobiliário (m)	ავეჯი	aveji
mesa (f)	მაგიდა	magida
cadeira (f)	სკამი	sk'ami
cama (f)	საწოლი	sats'oli
divã (m)	დივანი	divani
cadeirão (m)	სავარძელი	savardzeli
estante (f)	კარადა	k'arada
prateleira (f)	თარო	taro
guarda-vestidos (m)	კარადა	k'arada
cabide (m) de parede	საკიდი	sak'idi
cabide (m) de pé	საკიდი	sak'idi
cómoda (f)	კომოდი	k'omodi
mesinha (f) de centro	ჟურნალების მაგიდა	zhurnalebis magida
espelho (m)	სარკე	sark'e

tapete (m)	ხალიჩა	khalicha
tapete (m) pequeno	პატარა ნოხი	p'at'ara nokhi
lareira (f)	ბუხარი	bukhari
vela (f)	სანთელი	santeli
castiçal (m)	შანდალი	shandali
cortinas (f pl)	ფარდები	pardebi
papel (m) de parede	შპალერი	shp'aleri
estores (f pl)	ჟალუზი	zhaluzi
candeeiro (m) de mesa	მაგიდის ლამპა	magidis lamp'a
candeeiro (m) de parede	ლამპარი	lamp'ari
candeeiro (m) de pé	ტორშერი	t'orsheri
lustre (m)	ჭაღი	ch'aghi
pé (de mesa, etc.)	ფეხი	pekhi
braço (m)	საიდაყვე	saidaqve
costas (f pl)	ზურგი	zurgi
gaveta (f)	უჯრა	ujra

90. Quarto de dormir

roupa (f) de cama	თეთრეული	tetreuli
almofada (f)	ბალიში	balishi
fronha (f)	ბალიშისპირი	balishisp'iri
cobertor (m)	საბანი	sabani
lençol (m)	ზეწარი	zets'ari
colcha (f)	გადასაფარებელი	gadasaparebeli

91. Cozinha

cozinha (f)	სამზარეულო	samzareulo
gás (m)	აირი	airi
fogão (m) a gás	გაზქურა	gazkura
fogão (m) elétrico	ელექტროქურა	elekt'rokura
forno (m)	ფურნაკი	purnak'i
forno (m) de micro-ondas	მიკროტალღოვანი ღუმელი	mik'rot'alghovani ghumeli
frigorífico (m)	მაცივარი	matsivari
congelador (m)	საყინულე	saqinule
máquina (f) de lavar louça	ჭურჭლის სარეცხი მანქანა	ch'urch'lis saretskhi mankana
moedor (m) de carne	ხორცსაკეპი	khortssak'ep'i
espremedor (m)	წვენსაწური	ts'vensats'uri
torradeira (f)	ტოსტერი	t'ost'eri
batedeira (f)	მიქსერი	mikseri
máquina (f) de café	ყავის სახარში	qavis sakharshi
cafeteira (f)	ყავადანი	qavadani
moinho (m) de café	ყავის საფქვავი	qavis sapkvavi
chaleira (f)	ჩაიდანი	chaidani

bule (m)	ჩაიდანი	chaidani
tampa (f)	ხუფი	khupi
coador (m) de chá	საწური	sats'uri
colher (f)	კოვზი	k'ovzi
colher (f) de chá	ჩაის კოვზი	chais k'ovzi
colher (f) de sopa	სადილის კოვზი	sadilis k'ovzi
garfo (m)	ჩანგალი	changali
faca (f)	დანა	dana
louça (f)	ჭურჭელი	ch'urch'eli
prato (m)	თეფში	tepshi
pires (m)	ლამბაქი	lambaki
cálice (m)	სირჩა	sircha
copo (m)	ჭიქა	ch'ika
chávena (f)	ფინჯანი	pinjani
açucareiro (m)	საშაქრე	sashakre
saleiro (m)	სამარილე	samarile
pimenteiro (m)	საპილპილე	sap'ilp'ile
manteigueira (f)	საკარაქე	sak'arake
panela, caçarola (f)	ქვაბი	kvabi
frigideira (f)	ტაფა	t'apa
concha (f)	ჩამჩა	chamcha
passador (m)	თუშფალანგი	tushpalangi
bandeja (f)	ლანგარი	langari
garrafa (f)	ბოთლი	botli
boião (m) de vidro	ქილა	kila
lata (f)	ქილა	kila
abre-garrafas (m)	გასახსნელი	gasakhsneli
abre-latas (m)	გასახსნელი	gasakhsneli
saca-rolhas (m)	შტოპორი	sht'op'ori
filtro (m)	ფილტრი	pilt'ri
filtrar (vt)	ფილტვრა	pilt'vra
lixo (m)	ნაგავი	nagavi
balde (m) do lixo	სანაგვე ვედრო	sanagve vedro

92. Casa de banho

quarto (m) de banho	სააბაზანო ოთახი	saabazano otakhi
água (f)	წყალი	ts'qali
torneira (f)	ონკანი	onk'ani
água (f) quente	ცხელი წყალი	tskheli ts'qali
água (f) fria	ცივი წყალი	tsivi ts'qali
pasta (f) de dentes	კბილის პასტა	k'bilis p'ast'a
escovar os dentes	კბილების წმენდა	k'bilebis ts'menda
barbear-se (vr)	პარსვა	p'arsva
espuma (f) de barbear	საპარსი ქაფი	sap'arsi kapi

máquina (f) de barbear	სამართებელი	samartebeli
lavar (vt)	რეცხვა	retskhva
lavar-se (vr)	დაბანა	dabana
duche (m)	შხაპი	shkhap'i
tomar um duche	შხაპის მიღება	shkhap'is migheba
banheira (f)	აბაზანა	abazana
sanita (f)	უნიტაზი	unit'azi
lavatório (m)	ნიჟარა	nizhara
sabonete (m)	საპონი	sap'oni
saboneteira (f)	სასაპნე	sasap'ne
esponja (f)	ღრუბელი	ghrubeli
champô (m)	შამპუნი	shamp'uni
toalha (f)	პირსახოცი	p'irsakhotsi
roupão (m) de banho	ხალათი	khalati
lavagem (f)	რეცხვა	retskhva
máquina (f) de lavar	სარეცხი მანქანა	saretskhi mankana
lavar a roupa	თეთრეულის რეცვხა	tetreulis retsvkha
detergente (m)	სარეცხი ფხვნილი	saretskhi pkhvnili

93. Eletrodomésticos

televisor (m)	ტელევიზორი	t'elevizori
gravador (m)	მაგნიტოფონი	magnit'oponi
videogravador (m)	ვიდეომაგნიტოფონი	videomagnit'oponi
rádio (m)	მიმღები	mimghebi
leitor (m)	ფლეერი	pleeri
projetor (m)	ვიდეოპროექტორი	videop'roekt'ori
cinema (m) em casa	სახლის კინოთეატრი	sakhlis k'inoteat'ri
leitor (m) de DVD	DVD-საკრავი	DVD-sak'ravi
amplificador (m)	გამაძლიერებელი	gamadzlierebeli
console (f) de jogos	სათამაშო მისადგამი	satamasho misadgami
câmara (f) de vídeo	ვიდეოკამერა	videok'amera
máquina (f) fotográfica	ფოტოაპარატი	pot'oap'arat'i
câmara (f) digital	ციფრული ფოტოაპარატი	tsipruli pot'oap'arat'i
aspirador (m)	მტვერსასრუტი	mt'versasrut'i
ferro (m) de engomar	უთო	uto
tábua (f) de engomar	საუთოებელი დაფა	sautoebeli dapa
telefone (m)	ტელეფონი	t'eleponi
telemóvel (m)	მობილური ტელეფონი	mobiluri t'eleponi
máquina (f) de escrever	მანქანა	mankana
máquina (f) de costura	მანქანა	mankana
microfone (m)	მიკროფონი	mik'roponi
auscultadores (m pl)	საყურისი	saqurisi
controlo remoto (m)	პულტი	p'ult'i
CD (m)	CD-დისკი	CD-disk'i

cassete (f)	კასეტი	k'aset'i
disco (m) de vinil	ფირფიტა	pirpit'a

94. Reparações. Renovação

renovação (f)	რემონტი	remont'i
renovar (vt), fazer obras	რემონტის კეთება	remont'is k'eteba
reparar (vt)	გარემონტება	garemont'eba
consertar (vt)	წესრიგში მოყვანა	ts'esrigshi moqvana
refazer (vt)	გადაკეთება	gadak'eteba
tinta (f)	საღებავი	saghebavi
pintar (vt)	ღებვა	ghebva
pintor (m)	მღებავი	mghebavi
pincel (m)	ფუნჯი	punji
cal (f)	თეთრა	tetra
caiar (vt)	შეთეთრება	shetetreba
papel (m) de parede	შპალერი	shp'aleri
colocar papel de parede	შპალერის გაკვრა	shp'aleris gak'vra
verniz (m)	ლაქი	laki
envernizar (vt)	გალაქვა	galakva

95. Canalizações

água (f)	წყალი	ts'qali
água (f) quente	ცხელი წყალი	tskheli ts'qali
água (f) fria	ცივი წყალი	tsivi ts'qali
torneira (f)	ონკანი	onk'ani
gota (f)	წვეთი	ts'veti
gotejar (vi)	წვეთა	ts'veta
vazar (vt)	დინება	dineba
vazamento (m)	გადენა	gadena
poça (f)	გუბე	gube
tubo (m)	მილი	mili
válvula (f)	ვენტილი	vent'ili
entupir-se (vr)	გაჭედვა	gach'edva
ferramentas (f pl)	ხელსაწყოები	khelsats'qoebi
chave (f) inglesa	ქანჩის გასაღები	kanchis gasaghebi
desenroscar (vt)	მოშვება	moshveba
enroscar (vt)	მოჭერა	moch'era
desentupir (vt)	გამოწმენდა	gamots'menda
canalizador (m)	სანტექნიკოსი	sant'eknik'osi
cave (f)	სარდაფი	sardapi
sistema (m) de esgotos	კანალიზაცია	k'analizatsia

96. Fogo. Deflagração

incêndio (m)	ცეცხლი	tsetskhli
chama (f)	ალი	ali
faísca (f)	ნაპერწკალი	nap'erts'k'ali
fumo (m)	კვამლი	k'vamli
tocha (f)	ჩირაღდანი	chiraghdani
fogueira (f)	კოცონი	k'otsoni
gasolina (f)	ბენზინი	benzini
querosene (m)	ნავთი	navti
inflamável	საწვავი	sats'vavi
explosivo	ფეთქებადსაშიში	petkebadsashishi
PROIBIDO FUMAR!	ნუ მოსწევთ!	nu mosts'evt!
segurança (f)	უსაფრთხოება	usaprtkhoeba
perigo (m)	საშიშროება	sashishroeba
perigoso	საშიში	sashishi
incendiar-se (vr)	ცეცხლის მოკიდება	tsetskhlis mok'ideba
explosão (f)	აფეთქება	apetkeba
incendiar (vt)	ცეცხლის წაკიდება	tsetskhlis ts'ak'ideba
incendiário (m)	ცეცხლის წამკიდებელი	tsetskhlis ts'amk'idebeli
incêndio (m) criminoso	ცეცხლის წაკიდება	tsetskhlis ts'ak'ideba
arder (vi)	ბრიალი	briali
queimar (vi)	წვა	ts'va
queimar tudo (vi)	დაწვა	dats'va
chamar os bombeiros	მეხანძრეების გამოძახება	mekhandzreebis gamodzakheba
bombeiro (m)	მეხანძრე	mekhandzre
carro (m) de bombeiros	სახანძრო მანქანა	sakhandzro mankana
corpo (m) de bombeiros	სახანძრო რაზმი	sakhandzro razmi
escada (f) extensível	სახანძრო კიბე	sakhandzro k'ibe
mangueira (f)	შლანგი	shlangi
extintor (m)	ცეცხლსაქრობი	tsetskhlsakrobi
capacete (m)	კასკა	k'ask'a
sirene (f)	სირენა	sirena
gritar (vi)	ყვირილი	qvirili
chamar por socorro	დასახმარებლად დაძახება	dasakhmareblad dadzakheba
salvador (m)	მაშველი	mashveli
salvar, resgatar (vt)	გადარჩენა	gadarchena
chegar (vi)	მოსვლა	mosvla
apagar (vt)	ჩაქრობა	chakroba
água (f)	წყალი	ts'qali
areia (f)	ქვიშა	kvisha
ruínas (f pl)	ნანგრევები	nangrevebi
ruir (vi)	ჩანგრევა	changreva
desmoronar (vi)	ჩამონგრევა	chamongreva
desabar (vi)	ჩამონგრევა	chamongreva

fragmento (m)	ნამტვრევი	namt'vrevi
cinza (f)	ფერფლი	perpli
sufocar (vi)	გაგუდვა	gagudva
perecer (vi)	დაღუპვა	daghup'va

ATIVIDADES HUMANAS

Emprego. Negócios. Parte 1

97. Banca

banco (m)	ბანკი	bank'i
sucursal, balcão (f)	განყოფილება	ganqopileba
consultor (m)	კონსულტანტი	k'onsult'ant'i
gerente (m)	მმართველი	mmartveli
conta (f)	ანგარიში	angarishi
número (m) da conta	ანგარიშის ნომერი	angarishis nomeri
conta (f) corrente	მიმდინარე ანგარიში	mimdinare angarishi
conta (f) poupança	დამაგროვებელი ანგარიში	damagrovebeli angarishi
abrir uma conta	ანგარიშის გახსნა	angarishis gakhsna
fechar uma conta	ანგარიშის დახურვა	angarishis dakhurva
depositar na conta	ანგარიშზე დადება	angarishze dadeba
levantar (vt)	ანგარიშიდან მოხსნა	angarishidan mokhsna
depósito (m)	ანაბარი	anabari
fazer um depósito	ანაბრის გაკეთება	anabris gak'eteba
transferência (f) bancária	გზავნილი	gzavnili
transferir (vt)	გზავნილის გაკეთება	gzavnilis gak'eteba
soma (f)	თანხა	tankha
Quanto?	რამდენი?	ramdeni?
assinatura (f)	ხელმოწერა	khelmots'era
assinar (vt)	ხელის მოწერა	khelis mots'era
cartão (m) de crédito	საკრედიტო ბარათი	sak'redit'o barati
código (m)	კოდი	k'odi
número (m) do cartão de crédito	საკრედიტო ბარათის ნომერი	sak'redit'o baratis nomeri
Caixa Multibanco (m)	ბანკომატი	bank'omat'i
cheque (m)	ჩეკი	chek'i
passar um cheque	ჩეკის გამოწერა	chek'is gamots'era
livro (m) de cheques	ჩეკების წიგნაკი	chek'ebis ts'ignak'i
empréstimo (m)	კრედიტი	k'redit'i
pedir um empréstimo	კრედიტისათვის მიმართვა	k'redit'isatvis mimartva
obter um empréstimo	კრედიტის აღება	k'redit'is agheba
conceder um empréstimo	კრედიტის წარდგენა	k'redit'is ts'ardgena
garantia (f)	გარანტია	garant'ia

98. Telefone. Conversação telefónica

telefone (m)	ტელეფონი	t'eleponi
telemóvel (m)	მობილური ტელეფონი	mobiluri t'eleponi
secretária (f) electrónica	ავტომოპასუხე	avt'omop'asukhe
fazer uma chamada	რეკვა	rek'va
chamada (f)	ზარი	zari
marcar um número	ნომრის აკრეფა	nomris ak'repa
Alô!	ალო!	alo!
perguntar (vt)	კითხვა	k'itkhva
responder (vt)	პასუხის გაცემა	p'asukhis gatsema
ouvir (vt)	სმენა	smena
bem	კარგად	k'argad
mal	ცუდად	tsudad
ruído (m)	ხარვეზები	kharvezebi
auscultador (m)	ყურმილი	qurmili
pegar o telefone	ყურმილის აღება	qurmilis agheba
desligar (vi)	ყურმილის დადება	qurmilis dadeba
ocupado	დაკავებული	dak'avebuli
tocar (vi)	რეკვა	rek'va
lista (f) telefónica	სატელეფონო წიგნი	sat'elepono ts'igni
local	ადგილობრივი	adgilobrivi
de longa distância	საქალაქთაშორისო	sakalaktashoriso
internacional	საერთაშორისო	saertashoriso

99. Telefone móvel

telemóvel (m)	მობილური ტელეფონი	mobiluri t'eleponi
ecrã (m)	დისპლეი	disp'lei
botão (m)	ღილაკი	ghilak'i
cartão SIM (m)	SIM-ბარათი	SIM-barati
bateria (f)	ბატარეა	bat'area
descarregar-se	განმუხტვა	ganmukht'va
carregador (m)	დასამუხტი მოწყობილობა	dasamukht'i mots'qobiloba
menu (m)	მენიუ	meniu
definições (f pl)	აწყობა	ats'qoba
melodia (f)	მელოდია	melodia
escolher (vt)	არჩევა	archeva
calculadora (f)	კალკულატორი	k'alk'ulat'ori
correio (m) de voz	ავტომოპასუხე	avt'omop'asukhe
despertador (m)	მაღვიძარა	maghvidzara
contatos (m pl)	სატელეფონო წიგნი	sat'elepono ts'igni
mensagem (f) de texto	SMS-შეტყობინება	SMS-shet'qobineba
assinante (m)	აბონენტი	abonent'i

100. Estacionário

caneta (f)	ავტოკალამი	avt'ok'alami
caneta (f) tinteiro	კალამი	k'alami
lápis (m)	ფანქარი	pankari
marcador (m)	მარკერი	mark'eri
caneta (f) de feltro	ფლომასტერი	plomast'eri
bloco (m) de notas	ბლოკნოტი	blok'not'i
agenda (f)	დღიური	dghiuri
régua (f)	სახაზავი	sakhazavi
calculadora (f)	კალკულატორი	k'alk'ulat'ori
borracha (f)	საშლელი	sashleli
pionés (m)	ჭიკარტი	ch'ik'art'i
clipe (m)	სამაგრი	samagri
cola (f)	წებო	ts'ebo
agrafador (m)	სტეპლერი	st'ep'leri
furador (m)	სახვრეტელა	sakhvret'ela
afia-lápis (m)	სათლელი	satleli

Emprego. Negócios. Parte 2

101. Media

jornal (m)	გაზეთი	gazeti
revista (f)	ჟურნალი	zhurnali
imprensa (f)	პრესა	p'resa
rádio (m)	რადიო	radio
estação (f) de rádio	რადიოსადგური	radiosadguri
televisão (f)	ტელევიზია	t'elevizia
apresentador (m)	წამყვანი	ts'amqvani
locutor (m)	დიქტორი	dikt'ori
comentador (m)	კომენტატორი	k'oment'at'ori
jornalista (m)	ჟურნალისტი	zhurnalist'i
correspondente (m)	კორესპონდენტი	k'oresp'ondent'i
repórter (m) fotográfico	ფოტოკორესპონდენტი	pot'ok'oresp'ondent'i
repórter (m)	რეპორტიორი	rep'ort'iori
redator (m)	რედაქტორი	redakt'ori
redator-chefe (m)	მთავარი რედაქტორი	mtavari redakt'ori
assinar a ...	გამოწერა	gamots'era
assinatura (f)	გამოწერა	gamots'era
assinante (m)	გამომწერი	gamomts'eri
ler (vt)	კითხვა	k'itkhva
leitor (m)	მკითხველი	mk'itkhveli
tiragem (f)	ტირაჟი	t'irazhi
mensal	ყოველთვიური	qoveltviuri
semanal	ყოველკვირეული	qovelk'vireuli
número (jornal, revista)	ნომერი	nomeri
recente	ახალი	akhali
manchete (f)	სათაური	satauri
pequeno artigo (m)	ცნობა	tsnoba
coluna (~ semanal)	რუბრიკა	rubrik'a
artigo (m)	სტატია	st'at'ia
página (f)	გვერდი	gverdi
reportagem (f)	რეპორტაჟი	rep'ort'azhi
evento (m)	მოვლენა	movlena
sensação (f)	სენსაცია	sensatsia
escândalo (m)	სკანდალი	sk'andali
escandaloso	სკანდალური	sk'andaluri
grande	გახმაურებული	gakhmaurebuli
programa (m) de TV	გადაცემა	gadatsema
entrevista (f)	ინტერვიუ	int'erviu

transmissão (f) em direto	პირდაპირი ტრანსლაცია	p'irdap'iri t'ranslatsia
canal (m)	არხი	arkhi

102. Agricultura

agricultura (f)	სოფლის მეურნეობა	soplis meurneoba
camponês (m)	გლეხი	glekhi
camponesa (f)	გლეხი	glekhi
agricultor (m)	ფერმერი	permeri
trator (m)	ტრაქტორი	t'rakt'ori
ceifeira-debulhadora (f)	კომბაინი	k'ombaini
arado (m)	გუთანი	gutani
arar (vt)	ხვნა	khvna
campo (m) lavrado	ნახნავი	nakhnavi
rego (m)	კვალი	k'vali
semear (vt)	თესვა	tesva
semeadora (f)	სათესი მანქანა	satesi mankana
semeadura (f)	თესვა	tesva
gadanha (f)	ცელი	tseli
gadanhar (vt)	თიბვა	tibva
pá (f)	ნიჩაბი	nichabi
cavar (vt)	ბარვა	barva
enxada (f)	თოხი	tokhi
carpir (vt)	გამარგვლა	gamargvla
erva (f) daninha	სარეველა	sarevela
regador (m)	წურწურა	ts'urts'ura
regar (vt)	მორწყვა	morts'qva
rega (f)	მორწყვა	morts'qva
forquilha (f)	ფუცხი	putskhi
ancinho (m)	ფოცხი	potskhi
fertilizante (m)	სასუქი	sasuki
fertilizar (vt)	სასუქის შეტანა	sasukis shet'ana
estrume (m)	ნაკელი	nak'eli
campo (m)	მინდორი	mindori
prado (m)	მდელო	mdelo
horta (f)	ბოსტანი	bost'ani
pomar (m)	ბაღი	baghi
pastar (vt)	მწყემსვა	mts'qemsva
pastor (m)	მწყემსი	mts'qemsi
pastagem (f)	საძოვარი	sadzovari
pecuária (f)	მეცხოველეობა	metskhoveleoba
criação (f) de ovelhas	მეცხვარეობა	metskhvareoba

plantação (f)	პლანტაცია	p'lant'atsia
canteiro (m)	კვალი	k'vali
invernadouro (m)	კვალსათბური	k'valsatburi
seca (f)	გვალვა	gvalva
seco (verão ~)	გვალვიანი	gvalviani
cereais (m pl)	მარცვლეული	martsvleuli
colher (vt)	აღება	agheba
moleiro (m)	მეწისქვილე	mets'iskvile
moinho (m)	წისქვილი	ts'iskvili
moer (vt)	მარცვლის დაფქვა	martsvlis dapkva
farinha (f)	ფქვილი	pkvili
palha (f)	ჩალა	chala

103. Construção. Processo de construção

canteiro (m) de obras	მშენებლობა	mshenebloba
construir (vt)	აშენება	asheneba
construtor (m)	მშენებელი	mshenebeli
projeto (m)	პროექტი	p'roekt'i
arquiteto (m)	არქიტექტორი	arkit'ekt'ori
operário (m)	მუშა	musha
fundação (f)	საძირკველი	sadzirk'veli
telhado (m)	სახურავი	sakhuravi
estaca (f)	ხიმინჯი	khiminji
parede (f)	კედელი	k'edeli
varões (m pl) para betão	არმატურა	armat'ura
andaime (m)	სამშენებლო ხარაჩო	samsheneblo kharacho
betão (m)	ბეტონი	bet'oni
granito (m)	გრანიტი	granit'i
pedra (f)	ქვა	kva
tijolo (m)	აგური	aguri
areia (f)	ქვიშა	kvisha
cimento (m)	ცემენტი	tsement'i
emboço (m)	ბათქაში	batkashi
emboçar (vt)	ბათქაშით შელესვა	batkashit shelesva
tinta (f)	საღებავი	saghebavi
pintar (vt)	ღებვა	ghebva
barril (m)	კასრი	k'asri
grua (f), guindaste (m)	ამწე	amts'e
erguer (vt)	აწევა	ats'eva
baixar (vt)	დაშვება	dashveba
buldózer (m)	ბულდოზერი	buldozeri
escavadora (f)	ექსკავატორი	eksk'avat'ori

caçamba (f)	ციცხვი	tsitskhvi
escavar (vt)	ამოთხრა	amotkhra
capacete (m) de proteção	კასკა	k'ask'a

Profissões e ocupações

104. Procura de emprego. Demissão

trabalho (m)	სამუშაო	samushao
equipa (f)	შტატი	sht'at'i
carreira (f)	კარიერა	k'ariera
perspetivas (f pl)	პერსპექტივა	p'ersp'ekt'iva
mestria (f)	ოსტატობა	ost'at'oba
seleção (f)	შერჩევა	shercheva
agência (f) de emprego	კადრების სააგენტო	k'adrebis saagent'o
CV, currículo (m)	რეზიუმე	reziume
entrevista (f) de emprego	გასაუბრება	gasaubreba
vaga (f)	ვაკანსია	vak'ansia
salário (m)	ხელფასი	khelpasi
salário (m) fixo	ხელფასი	khelpasi
pagamento (m)	საზღაური	sazghauri
posto (m)	თანამდებობა	tanamdeboba
dever (do empregado)	მოვალეობა	movaleoba
gama (f) de deveres	არე	are
ocupado	დაკავებული	dak'avebuli
despedir, demitir (vt)	დათხოვნა	datkhovna
demissão (f)	დათხოვნა	datkhovna
desemprego (m)	უმუშევრობა	umushevroba
desempregado (m)	უმუშევარი	umushevari
reforma (f)	პენსია	p'ensia
reformar-se	პენსიაზე გასვლა	p'ensiaze gasvla

105. Gente de negócios

diretor (m)	დირექტორი	direkt'ori
gerente (m)	მმართველი	mmartveli
patrão, chefe (m)	ხელმძღვანელი	khelmdzghvaneli
superior (m)	უფროსი	uprosi
superiores (m pl)	უფროსობა	uprosoba
presidente (m)	პრეზიდენტი	p'rezident'i
presidente (m) de direção	თავმჯდომარე	tavmjdomare
substituto (m)	მოადგილე	moadgile
assistente (m)	თანაშემწე	tanashemts'e
secretário (m)	მდივანი	mdivani

secretário (m) pessoal	პირადი მდივანი	p'iradi mdivani
homem (m) de negócios	ბიზნესმენი	biznesmeni
empresário (m)	მეწარმე	mets'arme
fundador (m)	დამაარსებელი	damaarsebeli
fundar (vt)	დაარსება	daarseba
fundador, sócio (m)	დამფუძნებელი	dampudznebeli
parceiro, sócio (m)	პარტნიორი	p'art'niori
acionista (m)	აქციონერი	aktsioneri
milionário (m)	მილიონერი	milioneri
bilionário (m)	მილიარდერი	miliarderi
proprietário (m)	მფლობელი	mplobeli
proprietário (m) de terras	მიწათმფლობელი	mits'atmplobeli
cliente (m)	კლიენტი	k'lient'i
cliente (m) habitual	მუდმივი კლიენტი	mudmivi k'lient'i
comprador (m)	მყიდველი	mqidveli
visitante (m)	მომსვლელი	momsvleli
profissional (m)	პროფესიონალი	p'ropesionali
perito (m)	ექსპერტი	eksp'ert'i
especialista (m)	სპეციალისტი	sp'etsialist'i
banqueiro (m)	ბანკირი	bank'iri
corretor (m)	ბროკერი	brok'eri
caixa (m, f)	მოლარე	molare
contabilista (m)	ბუღალტერი	bughalt'eri
guarda (m)	მცველი	mtsveli
investidor (m)	ინვესტორი	invest'ori
devedor (m)	მოვალე	movale
credor (m)	კრედიტორი	k'redit'ori
mutuário (m)	მსესხებელი	mseskhebeli
importador (m)	იმპორტიორი	imp'ort'iori
exportador (m)	ექსპორტიორი	eksp'ort'iori
produtor (m)	მწარმოებელი	mts'armoebeli
distribuidor (m)	დისტრიბიუტორი	dist'ribiut'ori
intermediário (m)	შუამავალი	shuamavali
consultor (m)	კონსულტანტი	k'onsult'ant'i
representante (m)	წარმომადგენელი	ts'armomadgeneli
agente (m)	აგენტი	agent'i
agente (m) de seguros	დაზღვევის აგენტი	dazghvevis agent'i

106. Profissões de serviços

cozinheiro (m)	მზარეული	mzareuli
cozinheiro chefe (m)	შეფ-მზარეული	shep-mzareuli
padeiro (m)	მცხობელი	mtskhobeli
barman (m)	ბარმენი	barmeni

empregado (m) de mesa	ოფიციანტი	opitsiant'i
empregada (f) de mesa	ოფიციანტი	opitsiant'i
advogado (m)	ადვოკატი	advok'at'i
jurista (m)	იურისტი	iurist'i
notário (m)	ნოტარიუსი	not'ariusi
eletricista (m)	ელექტრიკოსი	elekt'rik'osi
canalizador (m)	სანტექნიკოსი	sant'eknik'osi
carpinteiro (m)	ხურო	khuro
massagista (m)	მასაჟისტი	masazhist'i
massagista (f)	მასაჟისტი	masazhist'i
médico (m)	ექიმი	ekimi
taxista (m)	ტაქსისტი	t'aksist'i
condutor (automobilista)	მძღოლი	mdzgholi
entregador (m)	კურიერი	k'urieri
camareira (f)	მოახლე	moakhle
guarda (m)	მცველი	mtsveli
hospedeira (f) de bordo	სტიუარდესა	st'iuardesa
professor (m)	მასწავლებელი	masts'avlebeli
bibliotecário (m)	ბიბლიოთეკარი	bibliotek'ari
tradutor (m)	მთარგმნელი	mtargmneli
intérprete (m)	თარჯიმანი	tarjimani
guia (pessoa)	გიდი	gidi
cabeleireiro (m)	პარიკმახერი	p'arik'makheri
carteiro (m)	ფოსტალიონი	post'alioni
vendedor (m)	გამყიდველი	gamqidveli
jardineiro (m)	მებაღე	mebaghe
criado (m)	მსახური	msakhuri
criada (f)	მოახლე	moakhle
empregada (f) de limpeza	დამლაგებელი	damlagebeli

107. Profissões militares e postos

soldado (m) raso	რიგითი	rigiti
sargento (m)	სერჟანტი	serzhant'i
tenente (m)	ლეიტენანტი	leit'enant'i
capitão (m)	კაპიტანი	k'ap'it'ani
major (m)	მაიორი	maiori
coronel (m)	პოლკოვნიკი	p'olk'ovnik'i
general (m)	გენერალი	generali
marechal (m)	მარშალი	marshali
almirante (m)	ადმირალი	admirali
militar (m)	სამხედრო	samkhedro
soldado (m)	ჯარისკაცი	jarisk'atsi
oficial (m)	ოფიცერი	opitseri

comandante (m)	მეთაური	metauri
guarda (m) fronteiriço	მესაზღვრე	mesazghvre
operador (m) de rádio	რადისტი	radist'i
explorador (m)	მზვერავი	mzveravi
sapador (m)	მესანგრე	mesangre
atirador (m)	მსროლელი	msroleli
navegador (m)	შტურმანი	sht'urmani

108. Oficiais. Padres

rei (m)	მეფე	mepe
rainha (f)	დედოფალი	dedopali
príncipe (m)	პრინცი	p'rintsi
princesa (f)	პრინცესა	p'rintsesa
czar (m)	მეფე	mepe
czarina (f)	მეფე	mepe
presidente (m)	პრეზიდენტი	p'rezident'i
ministro (m)	მინისტრი	minist'ri
primeiro-ministro (m)	პრემიერ-მინისტრი	p'remier-minist'ri
senador (m)	სენატორი	senat'ori
diplomata (m)	დიპლომატი	dip'lomat'i
cônsul (m)	კონსული	k'onsuli
embaixador (m)	ელჩი	elchi
conselheiro (m)	მრჩეველი	mrcheveli
funcionário (m)	მოხელე	mokhele
prefeito (m)	პრეფექტი	p'repekt'i
Presidente (m) da Câmara	მერი	meri
juiz (m)	მოსამართლე	mosamartle
procurador (m)	პროკურორი	p'rok'urori
missionário (m)	მისიონერი	misioneri
monge (m)	ბერი	beri
abade (m)	აბატი	abat'i
rabino (m)	რაბინი	rabini
vizir (m)	ვეზირი	veziri
xá (m)	შახი	shakhi
xeque (m)	შეიხი	sheikhi

109. Profissões agrícolas

apicultor (m)	მეფუტკრე	meput'k're
pastor (m)	მწყემსი	mts'qemsi
agrónomo (m)	აგრონომი	agronomi
criador (m) de gado	მეცხოველე	metskhovele
veterinário (m)	ვეტერინარი	vet'erinari

agricultor (m)	ფერმერი	permeri
vinicultor (m)	მეღვინე	meghvine
zoólogo (m)	ზოოლოგი	zoologi
cowboy (m)	კოვბოი	k'ovboi

110. Profissões artísticas

ator (m)	მსახიობი	msakhiobi
atriz (f)	მსახიობი	msakhiobi
cantor (m)	მომღერალი	momgherali
cantora (f)	მომღერალი	momgherali
bailarino (m)	მოცეკვავე	motsek'vave
bailarina (f)	მოცეკვავე	motsek'vave
artista (m)	არტისტი	art'ist'i
artista (f)	არტისტი	art'ist'i
músico (m)	მუსიკოსი	musik'osi
pianista (m)	პიანისტი	p'ianist'i
guitarrista (m)	გიტარისტი	git'arist'i
maestro (m)	დირიჟორი	dirizhori
compositor (m)	კომპოზიტორი	k'omp'ozit'ori
empresário (m)	იმპრესარიო	imp'resario
realizador (m)	რეჟისორი	rezhisori
produtor (m)	პროდიუსერი	p'rodiuseri
argumentista (m)	სცენარისტი	stsenarist'i
crítico (m)	კრიტიკოსი	k'rit'ik'osi
escritor (m)	მწერალი	mts'erali
poeta (m)	პოეტი	p'oet'i
escultor (m)	მოქანდაკე	mokandak'e
pintor (m)	მხატვარი	mkhat'vari
malabarista (m)	ჟონგლიორი	zhongliori
palhaço (m)	ჯამბაზი	jambazi
acrobata (m)	აკრობატი	ak'robat'i
mágico (m)	ფოკუსნიკი	pok'usnik'i

111. Várias profissões

médico (m)	ექიმი	ekimi
enfermeira (f)	მედდა	medda
psiquiatra (m)	ფსიქიატრი	psikiat'ri
estomatologista (m)	სტომატოლოგი	st'omat'ologi
cirurgião (m)	ქირურგი	kirurgi
astronauta (m)	ასტრონავტი	ast'ronavt'i
astrónomo (m)	ასტრონომი	ast'ronomi

motorista (m)	მძღოლი	mdzgholi
maquinista (m)	მემანქანე	memankane
mecânico (m)	მექანიკოსი	mekanik'osi
mineiro (m)	მეშახტე	meshakht'e
operário (m)	მუშა	musha
serralheiro (m)	ზეინკალი	zeink'ali
marceneiro (m)	დურგალი	durgali
torneiro (m)	ხარატი	kharat'i
construtor (m)	მშენებელი	mshenebeli
soldador (m)	შემდუღებელი	shemdughebeli
professor (m) catedrático	პროფესორი	p'ropesori
arquiteto (m)	არქიტექტორი	arkit'ekt'ori
historiador (m)	ისტორიკოსი	ist'orik'osi
cientista (m)	მეცნიერი	metsnieri
físico (m)	ფიზიკოსი	pizik'osi
químico (m)	ქიმიკოსი	kimik'osi
arqueólogo (m)	არქეოლოგი	arkeologi
geólogo (m)	გეოლოგი	geologi
pesquisador (cientista)	მკვლევარი	mk'vlevari
babysitter (f)	ძიძა	dzidza
professor (m)	პედაგოგი	p'edagogi
redator (m)	რედაქტორი	redakt'ori
redator-chefe (m)	მთავარი რედაქტორი	mtavari redakt'ori
correspondente (m)	კორესპონდენტი	k'oresp'ondent'i
datilógrafa (f)	მბეჭდავი	mbech'davi
designer (m)	დიზაინერი	dizaineri
especialista (m) em informática	კომპიუტერის სპეციალისტი	k'omp'iut'eris sp'etsialist'i
programador (m)	პროგრამისტი	p'rogramist'i
engenheiro (m)	ინჟინერი	inzhineri
marujo (m)	მეზღვაური	mezghvauri
marinheiro (m)	მატროსი	mat'rosi
salvador (m)	მაშველი	mashveli
bombeiro (m)	მეხანძრე	mekhandzre
polícia (m)	პოლიციელი	p'olitsieli
guarda-noturno (m)	დარაჯი	daraji
detetive (m)	მაძებარი	madzebari
funcionário (m) da alfândega	მებაჟე	mebazhe
guarda-costas (m)	მცველი	mtsveli
guarda (m) prisional	მეთვალყურე	metvalqure
inspetor (m)	ინსპექტორი	insp'ekt'ori
desportista (m)	სპორტსმენი	sp'ort'smeni
treinador (m)	მწვრთნელი	mts'vrtneli
talhante (m)	ყასაბი	qasabi
sapateiro (m)	მეჩექმე	mechekme
comerciante (m)	კომერსანტი	k'omersant'i

carregador (m)	მტვირთავი	mt'virtavi
estilista (m)	მოდელიერი	modelieri
modelo (f)	მოდელი	modeli

112. Ocupações. Estatuto social

aluno, escolar (m)	სკოლის მოსწავლე	sk'olis mosts'avle
estudante (~ universitária)	სტუდენტი	st'udent'i
filósofo (m)	ფილოსოფოსი	pilosoposi
economista (m)	ეკონომისტი	ek'onomist'i
inventor (m)	გამომგონებელი	gamomgonebeli
desempregado (m)	უმუშევარი	umushevari
reformado (m)	პენსიონერი	p'ensioneri
espião (m)	ჯაშუში	jashushi
preso (m)	პატიმარი	p'at'imari
grevista (m)	გაფიცული	gapitsuli
burocrata (m)	ბიუროკრატი	biurok'rat'i
viajante (m)	მოგზაური	mogzauri
homossexual (m)	ჰომოსექსუალისტი	homoseksualist'i
hacker (m)	ჰაკერი	hak'eri
hippie	ჰიპი	hip'i
bandido (m)	ბანდიტი	bandit'i
assassino (m) a soldo	დაქირავებული მკვლელი	dakiravebuli mk'vleli
toxicodependente (m)	ნარკომანი	nark'omani
traficante (m)	ნარკოტიკებით მოვაჭრე	nark'ot'ik'ebit movach're
prostituta (f)	მეძავი	medzavi
chulo (m)	სუტენიორი	sut'eniori
bruxo (m)	ჯადოსანი	jadosani
bruxa (f)	ჯადოსანი	jadosani
pirata (m)	მეკობრე	mek'obre
escravo (m)	მონა	mona
samurai (m)	სამურაი	samurai
selvagem (m)	ველური	veluri

Desportos

113. Tipos de desportos. Desportistas

desportista (m)	სპორტსმენი	sp'ort'smeni
tipo (m) de desporto	სპორტის სახეობა	sp'ort'is sakheoba
basquetebol (m)	კალათბურთი	k'alatburti
jogador (m) de basquetebol	კალათბურთელი	k'alatburteli
beisebol (m)	ბეისბოლი	beisboli
jogador (m) de beisebol	ბეისბოლისტი	beisbolist'i
futebol (m)	ფეხბურთი	pekhburti
futebolista (m)	ფეხბურთელი	pekhburteli
guarda-redes (m)	მეკარე	mek'are
hóquei (m)	ჰოკეი	hok'ei
jogador (m) de hóquei	ჰოკეისტი	hok'eist'i
voleibol (m)	ფრენბურთი	prenburti
jogador (m) de voleibol	ფრენბურთელი	prenburteli
boxe (m)	კრივი	k'rivi
boxeador, pugilista (m)	მოკრივე	mok'rive
luta (f)	ჭიდაობა	ch'idaoba
lutador (m)	მოჭიდავე	moch'idave
karaté (m)	კარატე	k'arat'e
karateca (m)	კარატისტი	k'arat'ist'i
judo (m)	ძიუდო	dziudo
judoca (m)	ძიუდოისტი	dziudoist'i
ténis (m)	ჩოგბურთი	chogburti
tenista (m)	ჩოგბურთელი	chogburteli
natação (f)	ცურვა	tsurva
nadador (m)	მოცურავე	motsurave
esgrima (f)	ფარიკაობა	parik'aoba
esgrimista (m)	მოფარიკავე	moparik'ave
xadrez (m)	ჭადრაკი	ch'adrak'i
xadrezista (m)	მოჭადრაკე	moch'adrak'e
alpinismo (m)	ალპინიზმი	alp'inizmi
alpinista (m)	ალპინისტი	alp'inist'i
corrida (f)	რბენა	rbena

corredor (m)	მორბენალი	morbenali
atletismo (m)	მძლეოსნობა	mdzleosnoba
atleta (m)	მძლეოსანი	mdzleosani
hipismo (m)	ცხენოსნობა	tskhenosnoba
cavaleiro (m)	ცხენოსანი	tskhenosani
patinagem (f) artística	ფიგურული სრიალი	piguruli sriali
patinador (m)	ფიგურისტი	pigurist'i
patinadora (f)	ფიგურისტი	pigurist'i
halterofilismo (m)	ძალოსნობა	dzalosnoba
corrida (f) de carros	ავტორბოლა	avt'orbola
piloto (m)	მრბოლელი	mrboleli
ciclismo (m)	ველოსპორტი	velosp'ort'i
ciclista (m)	ველოსიპედისტი	velosip'edist'i
salto (m) em comprimento	სიგრძეზე ხტომა	sigrdzeze kht'oma
salto (m) à vara	ჭოკით ხტომა	ch'ok'it kht'oma
atleta (m) de saltos	მხტომელი	mkht'omeli

114. Tipos de desportos. Diversos

futebol (m) americano	ამერიკული ფეხბურთი	amerik'uli pekhburti
badminton (m)	ბადმინტონი	badmint'oni
biatlo (m)	ბიატლონი	biat'loni
bilhar (m)	ბილიარდი	biliardi
bobsled (m)	ბობსლეი	bobslei
musculação (f)	ბოდიბილდინგი	bodibildingi
polo (m) aquático	წყალბურთი	ts'qalburti
andebol (m)	განდბოლი	gandboli
golfe (m)	გოლფი	golpi
remo (m)	ნიჩბოსნობა	nichbosnoba
mergulho (m)	დაივინგი	daivingi
corrida (f) de esqui	სათხილამურო რბოლა	satkhilamuro rbola
ténis (m) de mesa	მაგიდის ჩოგბურთი	magidis chogburti
vela (f)	საიალქნო სპორტი	saialkno sp'ort'i
rali (m)	რალი	rali
râguebi (m)	რეგბი	regbi
snowboard (m)	სნოუბორდი	snoubordi
tiro (m) com arco	მშვილდის სროლა	mshvildis srola

115. Ginásio

barra (f)	შტანგა	sht'anga
halteres (m pl)	ჰანტელი	hant'eli
aparelho (m) de musculaçao	ტრენაჟორი	t'renazhori
bicicleta (f) ergométrica	ველოტრენაჟორი	velot'renazhori

passadeira (f) de corrida	სარბენი ბილიკი	sarbeni bilik'i
barra (f) fixa	ძელი	dzeli
barras (f) paralelas	ორძელი	ordzeli
cavalo (m)	ტაიჭი	t'aich'i
tapete (m) de ginástica	საგები	sagebi
corda (f) de saltar	სახტუნელა	sakht'unela
aeróbica (f)	აერობიკა	aerobik'a
ioga (f)	იოგა	ioga

116. Desportos. Diversos

Jogos (m pl) Olímpicos	ოლიმპიური თამაშები	olimp'iuri tamashebi
vencedor (m)	გამარჯვებული	gamarjvebuli
vencer (vi)	გამარჯვება	gamarjveba
vencer, ganhar (vi)	მოგება	mogeba
líder (m)	ლიდერი	lideri
liderar (vt)	ლიდერობა	lideroba
primeiro lugar (m)	პირველი ადგილი	p'irveli adgili
segundo lugar (m)	მეორე ადგილი	meore adgili
terceiro lugar (m)	მესამე ადგილი	mesame adgili
medalha (f)	მედალი	medali
troféu (m)	ნადავლი	nadavli
taça (f)	თასი	tasi
prémio (m)	პრიზი	p'rizi
prémio (m) principal	მთავარი პრიზი	mtavari p'rizi
recorde (m)	რეკორდი	rek'ordi
estabelecer um recorde	რეკორდის დამყარება	rek'ordis damqareba
final (m)	ფინალი	pinali
final	ფინალური	pinaluri
campeão (m)	ჩემპიონი	chemp'ioni
campeonato (m)	ჩემპიონატი	chemp'ionat'i
estádio (m)	სტადიონი	st'adioni
bancadas (f pl)	ტრიბუნა	t'ribuna
fã, adepto (m)	გულშემატკივარი	gulshemat'k'ivari
adversário (m)	მოწინააღმდეგე	mots'inaaghmdege
partida (f)	სტარტი	st'art'i
chegada, meta (f)	ფინიში	pinishi
derrota (f)	დამარცხება	damartskheba
perder (vt)	წაგება	ts'ageba
árbitro (m)	მსაჯი	msaji
júri (m)	ჟიური	zhiuri
resultado (m)	ანგარიში	angarishi
empate (m)	ფრე	pre

empatar (vi)	თამაშის ფრედ დამთავრება	tamashis pred damtavreba
ponto (m)	ქულა	kula
resultado (m) final	შედეგი	shedegi
intervalo (m)	შესვენება	shesveneba
doping (m)	დოპინგი	dop'ingi
penalizar (vt)	დაჯარიმება	dajarimeba
desqualificar (vt)	დისკვალიფიცირება	disk'valipitsireba
aparelho (m)	იარაღი	iaraghi
dardo (m)	შუბი	shubi
peso (m)	ბირთვი	birtvi
bola (f)	ბურთი	burti
alvo, objetivo (m)	მიზანი	mizani
alvo (~ de papel)	სამიზნე	samizne
atirar, disparar (vi)	სროლა	srola
preciso (tiro ~)	ზუსტი	zust'i
treinador (m)	მწვრთნელი	mts'vrtneli
treinar (vt)	წვრთნა	ts'vrtna
treinar-se (vr)	ვარჯიში	varjishi
treino (m)	ვარჯიში	varjishi
ginásio (m)	სპორტდარბაზი	sp'ort'darbazi
exercício (m)	ვარჯიში	varjishi
aquecimento (m)	მოთელვა	motelva

Educação

117. Escola

escola (f)	სკოლა	sk'ola
diretor (m) de escola	სკოლის დირექტორი	sk'olis direkt'ori
aluno (m)	მოწაფე	mots'ape
aluna (f)	მოწაფე	mots'ape
escolar (m)	სკოლის მოსწავლე	sk'olis mosts'avle
escolar (f)	სკოლის მოსწავლე	sk'olis mosts'avle
ensinar (vt)	სწავლება	sts'avleba
aprender (vt)	სწავლა	sts'avla
aprender de cor	ზეპირად სწავლა	zep'irad sts'avla
estudar (vi)	სწავლა	sts'avla
andar na escola	სწავლა	sts'avla
ir à escola	სკოლაში სვლა	sk'olashi svla
alfabeto (m)	ანბანი	anbani
disciplina (f)	საგანი	sagani
sala (f) de aula	კლასი	k'lasi
lição (f)	გაკვეთილი	gak'vetili
recreio (m)	შესვენება	shesveneba
toque (m)	ზარი	zari
carteira (f)	მერხი	merkhi
quadro (m) negro	დაფა	dapa
nota (f)	ნიშანი	nishani
boa nota (f)	კარგი ნიშანი	k'argi nishani
nota (f) baixa	ცუდი ნიშანი	tsudi nishani
dar uma nota	ნიშნის დაწერა	nishnis dats'era
erro (m)	შეცდომა	shetsdoma
fazer erros	შეცდომის დაშვება	shetsdomis dashveba
corrigir (vt)	გამოსწორება	gamosts'oreba
cábula (f)	შპარგალკა	shp'argalk'a
dever (m) de casa	საშინაო დავალება	sashinao davaleba
exercício (m)	სავარჯიშო	savarjisho
estar presente	დასწრება	dasts'reba
estar ausente	არდასწრება	ardasts'reba
faltar às aulas	გაკვეთილების გაცდენა	gak'vetilebis gatsdena
punir (vt)	დასჯა	dasja
punição (f)	სასჯელი	sasjeli
comportamento (m)	ყოფაქცევა	qopaktseva

boletim (m) escolar	დღიური	dghiuri
lápis (m)	ფანქარი	pankari
borracha (f)	საშლელი	sashleli
giz (m)	ცარცი	tsartsi
estojo (m)	საკალმე	sak'alme
pasta (f) escolar	ჩანთა	chanta
caneta (f)	კალმისტარი	k'almist'ari
caderno (m)	რვეული	rveuli
manual (m) escolar	სახელმძღვანელო	sakhelmdzghvanelo
compasso (m)	ფარგალი	pargali
traçar (vt)	ხაზვა	khazva
desenho (m) técnico	ნახაზი	nakhazi
poesia (f)	ლექსი	leksi
de cor	ზეპირად	zep'irad
aprender de cor	ზეპირად სწავლა	zep'irad sts'avla
férias (f pl)	არდადეგები	ardadegebi
estar de férias	არდადეგებზე ყოფნა	ardadegebze qopna
passar as férias	არდადეგების გატარება	ardadegebis gat'areba
teste (m)	საკონტროლო სამუშაო	sak'ont'rolo samushao
composição, redação (f)	თხზულება	tkhzuleba
ditado (m)	კარნახი	k'arnakhi
exame (m)	გამოცდა	gamotsda
fazer exame	გამოცდების ჩაბარება	gamotsdebis chabareba
experiência (~ química)	ცდა	tsda

118. Colégio. Universidade

academia (f)	აკადემია	ak'ademia
universidade (f)	უნივერსიტეტი	universit'et'i
faculdade (f)	ფაკულტეტი	pak'ult'et'i
estudante (m)	სტუდენტი	st'udent'i
estudante (f)	სტუდენტი	st'udent'i
professor (m)	მასწავლებელი	masts'avlebeli
sala (f) de palestras	აუდიტორია	audit'oria
graduado (m)	კურსდამთავრებული	k'ursdamtavrebuli
diploma (m)	დიპლომი	dip'lomi
tese (f)	დისერტაცია	disert'atsia
estudo (obra)	გამოკვლევა	gamok'vleva
laboratório (m)	ლაბორატორია	laborat'oria
palestra (f)	ლექცია	lektsia
colega (m) de curso	თანაკურსელი	tanak'urseli
bolsa (f) de estudos	სტიპენდია	st'ip'endia
grau (m) académico	სამეცნიერო ხარისხი	sametsniero khariskhi

119. Ciências. Disciplinas

matemática (f)	მათემატიკა	matemat'ik'a
álgebra (f)	ალგებრა	algebra
geometria (f)	გეომეტრია	geomet'ria
astronomia (f)	ასტრონომია	ast'ronomia
biologia (f)	ბიოლოგია	biologia
geografia (f)	გეოგრაფია	geograpia
geologia (f)	გეოლოგია	geologia
história (f)	ისტორია	ist'oria
medicina (f)	მედიცინა	meditsina
pedagogia (f)	პედაგოგიკა	p'edagogik'a
direito (m)	სამართალი	samartali
física (f)	ფიზიკა	pizik'a
química (f)	ქიმია	kimia
filosofia (f)	ფილოსოფია	pilosopia
psicologia (f)	ფსიქოლოგია	psikologia

120. Sistema de escrita. Ortografia

gramática (f)	გრამატიკა	gramat'ik'a
vocabulário (m)	ლექსიკა	leksik'a
fonética (f)	ფონეტიკა	ponet'ik'a
substantivo (m)	არსებითი სახელი	arsebiti sakheli
adjetivo (m)	ზედსართავი სახელი	zedsartavi sakheli
verbo (m)	ზმნა	zmna
advérbio (m)	ზმნიზედა	zmnizeda
pronome (m)	ნაცვალსახელი	natsvalsakheli
interjeição (f)	შორისდებული	shorisdebuli
preposição (f)	წინდებული	ts'indebuli
raiz (f) da palavra	სიტყვის ძირი	sit'qvis dziri
terminação (f)	დაბოლოება	daboloeba
prefixo (m)	წინსართი	ts'insarti
sílaba (f)	მარცვალი	martsvali
sufixo (m)	სუფიქსი	supiksi
acento (m)	მახვილი	makhvili
apóstrofo (m)	აპოსტროფი	ap'ost'ropi
ponto (m)	წერტილი	ts'ert'ili
vírgula (f)	მძიმე	mdzime
ponto e vírgula (m)	წერტილ-მძიმე	ts'ert'il-mdzime
dois pontos (m pl)	ორწერტილი	orts'ert'ili
reticências (f pl)	მრავალწერტილი	mravalts'ert'ili
ponto (m) de interrogação	კითხვის ნიშანი	k'itkhvis nishani
ponto (m) de exclamação	ძახილის ნიშანი	dzakhilis nishani

aspas (f pl)	ბრჭყალები	brch'qalebi
entre aspas	ბრჭყალებში	brch'qalebshi
parênteses (m pl)	ფრჩხილები	prchkhilebi
entre parênteses	ფრჩხილებში	prchkhilebshi
hífen (m)	დეფისი	depisi
travessão (m)	ტირე	t'ire
espaço (m)	შუალედი	shualedi
letra (f)	ასო	aso
letra (f) maiúscula	დიდი ასო	didi aso
vogal (f)	ხმოვანი ბგერა	khmovani bgera
consoante (f)	თანხმოვანი ბგერა	tankhmovani bgera
frase (f)	წინადადება	ts'inadadeba
sujeito (m)	ქვემდებარე	kvemdebare
predicado (m)	შემასმენელი	shemasmeneli
linha (f)	სტრიქონი	st'rikoni
em uma nova linha	ახალი სტრიქონიდან	akhali st'rikonidan
parágrafo (m)	აბზაცი	abzatsi
palavra (f)	სიტყვა	sit'qva
grupo (m) de palavras	შესიტყვება	shesit'qveba
expressão (f)	გამოთქმა	gamotkma
sinónimo (m)	სინონიმი	sinonimi
antónimo (m)	ანტონიმი	ant'onimi
regra (f)	წესი	ts'esi
exceção (f)	გამონაკლისი	gamonak'lisi
correto	სწორი	sts'ori
conjugação (f)	უღლება	ughleba
declinação (f)	ბრუნება	bruneba
caso (m)	ბრუნვა	brunva
pergunta (f)	კითხვა	k'itkhva
sublinhar (vt)	ხაზის გასმა	khazis gasma
linha (f) pontilhada	პუნქტირი	p'unkt'iri

121. Línguas estrangeiras

língua (f)	ენა	ena
estrangeiro	უცხო	utskho
estudar (vt)	შესწავლა	shests'avla
aprender (vt)	სწავლა	sts'avla
ler (vt)	კითხვა	k'itkhva
falar (vi)	ლაპარაკი	lap'arak'i
compreender (vt)	გაგება	gageba
escrever (vt)	წერა	ts'era
rapidamente	სწრაფად	sts'rapad
devagar	ნელა	nela

fluentemente	თავისუფლად	tavisuplad
regras (f pl)	წესები	ts'esebi
gramática (f)	გრამატიკა	gramat'ik'a
vocabulário (m)	ლექსიკა	leksik'a
fonética (f)	ფონეტიკა	ponet'ik'a
manual (m) escolar	სახელმძღვანელო	sakhelmdzghvanelo
dicionário (m)	ლექსიკონი	leksik'oni
manual (m) de autoaprendizagem	თვითმასწავლებელი	tvitmasts'avlebeli
guia (m) de conversação	სასაუბრო	sasaubro
cassete (f)	კასეტი	k'aset'i
vídeo cassete (m)	ვიდეოკასეტი	videok'aset'i
CD (m)	კომპაქტური დისკი	k'omp'akt'uri disk'i
DVD (m)	დივიდი	dividi
alfabeto (m)	ანბანი	anbani
soletrar (vt)	ასოებით გამოთქმა	asoebit gamotkma
pronúncia (f)	წარმოთქმა	ts'armotkma
sotaque (m)	აქცენტი	aktsent'i
com sotaque	აქცენტით	aktsent'it
sem sotaque	უაქცენტოდ	uaktsent'od
palavra (f)	სიტყვა	sit'qva
sentido (m)	მნიშვნელობა	mnishvneloba
cursos (m pl)	კურსები	k'ursebi
inscrever-se (vr)	ჩაწერა	chats'era
professor (m)	მასწავლებელი	masts'avlebeli
tradução (processo)	თარგმნა	targmna
tradução (texto)	თარგმანი	targmani
tradutor (m)	მთარგმნელი	mtargmneli
intérprete (m)	თარჯიმანი	tarjimani
poliglota (m)	პოლიგლოტი	p'oliglot'i
memória (f)	მეხსიერება	mekhsiereba

122. Personagens de contos de fadas

Pai (m) Natal	სანტა კლაუსი	sant'a k'lausi
Cinderela (f)	კონკია	k'onk'ia
sereia (f)	ალი	ali
Neptuno (m)	ნეპტუნი	nep't'uni
mago (m)	ჯადოქარი	jadokari
fada (f)	ჯადოქარი	jadokari
mágico	ჯადოსნური	jadosnuri
varinha (f) mágica	ჯადოსნური ჯოხი	jadosnuri jokhi
conto (m) de fadas	ზღაპარი	zghap'ari
milagre (m)	სასწაული	sasts'auli

anão (m)	გნომი	gnomi
transformar-se em ...	ქცევა	ktseva
fantasma (m)	აჩრდილი	achrdili
espetro (m)	მოჩვენება	mochveneba
monstro (m)	ურჩხული	urchkhuli
dragão (m)	გველეშაპი	gveleshap'i
gigante (m)	გოლიათი	goliati

123. Signos do Zodíaco

Carneiro	ვერძი	verdzi
Touro	კურო	k'uro
Gémeos	ტყუპები	t'qup'ebi
Caranguejo	კიბორჩხალა	k'iborchkhala
Leão	ლომი	lomi
Virgem (f)	ქალწული	kalts'uli
Balança	სასწორი	sasts'ori
Escorpião	ღრიანკალი	ghriank'ali
Sagitário	მშვილდოსანი	mshvildosani
Capricórnio	თხის რქა	tkhis rka
Aquário	მერწყული	merts'quli
Peixes	თევზები	tevzebi
caráter (m)	ხასიათი	khasiati
traços (m pl) do caráter	ხასიათის თვისებები	khasiatis tvisebebi
comportamento (m)	ყოფაქცევა	qopaktseva
predizer (vt)	მკითხაობა	mk'itkhaoba
adivinha (f)	მკითხავი	mk'itkhavi
horóscopo (m)	ჰოროსკოპი	horosk'op'i

Artes

124. Teatro

teatro (m)	თეატრი	teat'ri
ópera (f)	ოპერა	op'era
opereta (f)	ოპერეტა	op'eret'a
balé (m)	ბალეტი	balet'i
cartaz (m)	აფიშა	apisha
companhia (f) teatral	დასი	dasi
turné (digressão)	გასტროლები	gast'rolebi
estar em turné	გასტროლებზე ყოფნა	gast'rolebze qopna
ensaiar (vt)	რეპეტიციის გავლა	rep'et'itsiis gavla
ensaio (m)	რეპეტიცია	rep'et'itsia
repertório (m)	რეპერტუარი	rep'ert'uari
apresentação (f)	წარმოდგენა	ts'armodgena
espetáculo (m)	სპექტაკლი	sp'ekt'ak'li
peça (f)	პიესა	p'iesa
bilhete (m)	ბილეთი	bileti
bilheteira (f)	საბილეთო სალარო	sabileto salaro
hall (m)	ჰოლი	holi
guarda-roupa (m)	გარდერობი	garderobi
senha (f) numerada	ნომერი	nomeri
binóculo (m)	დურბინდი	durbindi
lanterninha (m)	კონტროლიორი	k'ont'roliori
plateia (f)	პარტერი	p'art'eri
balcão (m)	ბალკონი	balk'oni
primeiro balcão (m)	ბელეტაჟი	belet'azhi
camarote (m)	ლოჟა	lozha
fila (f)	რიგი	rigi
assento (m)	ადგილი	adgili
público (m)	მაყურებლები	maqureblebi
espetador (m)	მაყურებელი	maqurebeli
aplaudir (vt)	ტაშისკვრა	t'ashisk'vra
aplausos (m pl)	აპლოდისმენტები	ap'lodismont'ebi
ovação (f)	ოვაციები	ovatsiebi
palco (m)	სცენა	stsena
pano (m) de boca	ფარდა	parda
cenário (m)	დეკორაცია	dek'oratsia
bastidores (m pl)	კულისები	k'ulisebi
cena (f)	სცენა	stsena
ato (m)	მოქმედება	mokmedeba
entreato (m)	ანტრაქტი	ant'rakt'i

125. Cinema

ator (m)	მსახიობი	msakhiobi
atriz (f)	მსახიობი	msakhiobi
cinema (m)	კინო	k'ino
filme (m)	კინო	k'ino
episódio (m)	სერია	seria
filme (m) policial	დეტექტივი	det'ekt'ivi
filme (m) de ação	კინობოევიკი	k'inoboevik'i
filme (m) de aventuras	სათავგადასავლო ფილმი	satavgadasavlo pilmi
filme (m) de ficção científica	ფანტასტიკური ფილმი	pant'ast'ik'uri pilmi
filme (m) de terror	საშინელებათა ფილმი	sashinelebata pilmi
comédia (f)	კინოკომედია	k'inok'omedia
melodrama (m)	მელოდრამა	melodrama
drama (m)	დრამა	drama
filme (m) ficcional	მხატვრული ფილმი	mkhat'vruli pilmi
documentário (m)	დოკუმენტური ფილმი	dok'ument'uri pilmi
desenho (m) animado	მულტფილმი	mult'pilmi
cinema (m) mudo	მუნჯი კინო	munji k'ino
papel (m)	როლი	roli
papel (m) principal	მთავარი როლი	mtavari roli
representar (vt)	შესრულება	shesruleba
estrela (f) de cinema	კინოვარსკვლავი	k'inovarsk'vlavi
conhecido	ცნობილი	tsnobili
famoso	სახელგანთქმული	sakhelgantkmuli
popular	პოპულარული	p'op'ularuli
argumento (m)	სცენარი	stsenari
argumentista (m)	სცენარისტი	stsenarist'i
realizador (m)	რეჟისორი	rezhisori
produtor (m)	პროდიუსერი	p'rodiuseri
assistente (m)	ასისტენტი	asist'ent'i
diretor (m) de fotografia	ოპერატორი	op'erat'ori
duplo (m)	კასკადიორი	k'ask'adiori
filmar (vt)	ფილმის გადაღება	pilmis gadagheba
audição (f)	საცდელი გადაღებები	satsdeli gadaghebebi
filmagem (f)	გადაღებები	gadaghebebi
equipe (f) de filmagem	გადამღები ჯგუფი	gadamghebi jgupi
set (m) de filmagem	გადასაღები მოედანი	gadasaghebi moedani
câmara (f)	კინოკამერა	k'inok'amera
cinema (m)	კინოთეატრი	k'inoteat'ri
ecrã (m), tela (f)	ეკრანი	ek'rani
exibir um filme	ფილმის ჩვენება	pilmis chveneba
pista (f) sonora	ხმოვანი ბილიკი	khmovani bilik'i
efeitos (m pl) especiais	სპეციალური ეფექტები	sp'etsialuri epekt'ebi
legendas (f pl)	სუბტიტრები	subt'it'rebi

crédito (m)	ტიტრები	t'it'rebi
tradução (f)	თარგმანი	targmani

126. Pintura

arte (f)	ხელოვნება	khelovneba
belas-artes (f pl)	კაზმული ხელოვნებები	k'azmuli khelovnebebi
galeria (f) de arte	გალერეა	galerea
exposição (f) de arte	სურათების გამოფენა	suratebis gamopena
pintura (f)	ფერწერა	perts'era
arte (f) gráfica	გრაფიკა	grapik'a
arte (f) abstrata	აბსტრაქციონიზმი	abst'raktsionizmi
impressionismo (m)	იმპრესიონიზმი	imp'resionizmi
pintura (f), quadro (m)	სურათი	surati
desenho (m)	ნახატი	nakhat'i
cartaz, póster (m)	პლაკატი	p'lak'at'i
ilustração (f)	ილუსტრაცია	ilust'ratsia
miniatura (f)	მინიატურა	miniat'ura
cópia (f)	ასლი	asli
reprodução (f)	რეპროდუქცია	rep'roduktsia
mosaico (m)	მოზაიკა	mozaik'a
vitral (m)	ვიტრაჟი	vit'razhi
fresco (m)	ფრესკა	presk'a
gravura (f)	გრავიურა	graviura
busto (m)	ბიუსტი	biust'i
escultura (f)	ქანდაკება	kandak'eba
estátua (f)	ქანდაკება	kandak'eba
gesso (m)	თაბაშირი	tabashiri
em gesso	თაბაშირისა	tabashirisa
retrato (m)	პორტრეტი	p'ort'ret'i
autorretrato (m)	ავტოპორტრეტი	avt'op'ort'ret'i
paisagem (f)	პეიზაჟი	p'eizazhi
natureza (f) morta	ნატურმორტი	nat'urmort'i
caricatura (f)	კარიკატურა	k'arik'at'ura
esboço (m)	მონახაზი	monakhazi
tinta (f)	საღებავი	saghebavi
aguarela (f)	წყალსაღებავი	ts'qalsaghebavi
óleo (m)	ზეთი	zeti
lápis (m)	ფანქარი	pankari
tinta da China (f)	ტუში	t'ushi
carvão (m)	ნახშირი	nakhshiri
desenhar (vt)	ხატვა	khat'va
pintar (vt)	ხატვა	khat'va
posar (vi)	პოზირება	p'ozireba
modelo (m)	მენატურე	menat'ure

modelo (f)	მენატურე	menat'ure
pintor (m)	მხატვარი	mkhat'vari
obra (f)	ნაწარმოები	nats'armoebi
obra-prima (f)	შედევრი	shedevri
estúdio (m)	სახელოსნო	sakhelosno
tela (f)	ტილო	t'ilo
cavalete (m)	მოლბერტი	molbert'i
paleta (f)	პალიტრა	p'alit'ra
moldura (f)	ჩარჩო	charcho
restauração (f)	რესტავრაცია	rest'avratsia
restaurar (vt)	რესტავრაციის მოხდენა	rest'avratsiis mokhdena

127. Literatura & Poesia

literatura (f)	ლიტერატურა	lit'erat'ura
autor (m)	ავტორი	avt'ori
pseudónimo (m)	ფსევდონიმი	psevdonimi
livro (m)	წიგნი	ts'igni
volume (m)	ტომი	t'omi
índice (m)	სარჩევი	sarchevi
página (f)	გვერდი	gverdi
protagonista (m)	მთავარი გმირი	mtavari gmiri
autógrafo (m)	ავტოგრაფი	avt'ograpi
conto (m)	მოთხრობა	motkhroba
novela (f)	მოთხრობა	motkhroba
romance (m)	რომანი	romani
obra (f)	თხზულება	tkhzuleba
fábula (m)	იგავ-არაკი	igav-arak'i
romance (m) policial	დეტექტივი	det'ekt'ivi
poesia (obra)	ლექსი	leksi
poesia (arte)	პოეზია	p'oezia
poema (m)	პოემა	p'oema
poeta (m)	პოეტი	p'oet'i
ficção (f)	ბელეტრისტიკა	belet'rist'ik'a
ficção (f) científica	სამეცნიერო ფანტასტიკა	sametsniero pant'ast'ik'a
aventuras (f pl)	თავგადასავლები	tavgadasavlebi
literatura (f) didática	სასწავლო ლიტერატურა	sasts'avlo lit'erat'ura
literatura (f) infantil	საბავშვო ლიტერატურა	sabavshvo lit'erat'ura

128. Circo

circo (m)	ცირკი	tsirk'i
circo (m) ambulante	ცირკი-შაპიტო	tsirk'i-shap'it'o
programa (m)	პროგრამა	p'rograma
apresentação (f)	წარმოდგენა	ts'armodgena
número (m)	ნომერი	nomeri
arena (f)	არენა	arena

pantomima (f)	პანტომიმა	p'ant'omima
palhaço (m)	ჯამბაზი	jambazi
acrobata (m)	აკრობატი	ak'robat'i
acrobacia (f)	აკრობატიკა	ak'robat'ik'a
ginasta (m)	ტანმოვარჯიშე	t'anmovarjishe
ginástica (f)	ტანვარჯიში	t'anvarjishi
salto (m) mortal	სალტო	salt'o
homem forte (m)	ათლეტი	atlet'i
domador (m)	მომთვინიერებელი	momtvinierebeli
cavaleiro (m) equilibrista	ცხენოსანი	tskhenosani
assistente (m)	ასისტენტი	asist'ent'i
truque (m)	ტრიუკი	t'riuk'i
truque (m) de mágica	ფოკუსი	pok'usi
mágico (m)	ფოკუსნიკი	pok'usnik'i
malabarista (m)	ჟონგლიორი	zhongliori
fazer malabarismos	ჟონგლიორობა	zhonglioroba
domador (m)	ცხოველების მწვრთნელი	tskhovelebis mts'vrtneli
adestramento (m)	წვრთნა	ts'vrtna
adestrar (vt)	წვრთნა	ts'vrtna

129. Música. Música popular

música (f)	მუსიკა	musik'a
músico (m)	მუსიკოსი	musik'osi
instrumento (m) musical	მუსიკალური ინსტრუმენტი	musik'aluri inst'rument'i
tocar ...	დაკვრა	dak'vra
guitarra (f)	გიტარა	git'ara
violino (m)	ვიოლინო	violino
violoncelo (m)	ვიოლონჩელი	violoncheli
contrabaixo (m)	კონტრაბასი	k'ont'rabasi
harpa (f)	არფა	arpa
piano (m)	პიანინო	p'ianino
piano (m) de cauda	როიალი	roiali
órgão (m)	ორგანი	organi
instrumentos (m pl) de sopro	ჩასაბერი ინსტრუმენტები	chasaberi inst'rument'ebi
oboé (m)	ჰობოი	hoboi
saxofone (m)	საქსოფონი	saksoponi
clarinete (m)	კლარნეტი	k'larnet'i
flauta (f)	ფლეიტა	pleit'a
trompete (m)	საყვირი	saqviri
acordeão (m)	აკორდეონი	ak'ordeoni
tambor (m)	დოლი	doli
duo, dueto (m)	დუეტი	duet'i
trio (m)	ტრიო	t'rio
quarteto (m)	კვარტეტი	k'vart'et'i

coro (m)	გუნდი	gundi
orquestra (f)	ორკესტრი	ork'est'ri
música (f) pop	პოპ-მუსიკა	p'op'-musik'a
música (f) rock	როკ-მუსიკა	rok'-musik'a
grupo (m) de rock	როკ-ჯგუფი	rok'-jgupi
jazz (m)	ჯაზი	jazi
ídolo (m)	კერპი	k'erp'i
fã, admirador (m)	თაყვანისმცემელი	taqvanismtsemeli
concerto (m)	კონცერტი	k'ontsert'i
sinfonia (f)	სიმფონია	simponia
composição (f)	თხზულება	tkhzuleba
compor (vt)	შეთხზვა	shetkhzva
canto (m)	სიმღერა	simghera
canção (f)	სიმღერა	simghera
melodia (f)	მელოდია	melodia
ritmo (m)	რიტმი	rit'mi
blues (m)	ბლუზი	bluzi
notas (f pl)	ნოტები	not'ebi
batuta (f)	ჯოხი	jokhi
arco (m)	ხემი	khemi
corda (f)	სიმი	simi
estojo (m)	ფუტლარი	put'lari

Descanso. Entretenimento. Viagens

130. Viagens

turismo (m)	ტურიზმი	t'urizmi
turista (m)	ტურისტი	t'urist'i
viagem (f)	მოგზაურობა	mogzauroba
aventura (f)	თავგადასავალი	tavgadasavali
viagem (f)	ხანმოკლე მოგზაურობა	khanmok'le mogzauroba
férias (f pl)	შვებულება	shvebuleba
estar de férias	შვებულებაში ყოფნა	shvebulebashi qopna
descanso (m)	დასვენება	dasveneba
comboio (m)	მატარებელი	mat'arebeli
de comboio (chegar ~)	მატარებლით	mat'areblit
avião (m)	თვითმფრინავი	tvitmprinavi
de avião	თვითმფრინავით	tvitmprinavit
de carro	ავტომობილით	avt'omobilit
de navio	გემით	gemit
bagagem (f)	ბარგი	bargi
mala (f)	ჩემოდანი	chemodani
carrinho (m)	ურიკა	urik'a
passaporte (m)	პასპორტი	p'asp'ort'i
visto (m)	ვიზა	viza
bilhete (m)	ბილეთი	bileti
bilhete (m) de avião	ავიაბილეთი	aviabileti
guia (m) de viagem	მეგზური	megzuri
mapa (m)	რუკა	ruk'a
local (m), area (f)	ადგილი	adgili
lugar, sítio (m)	ადგილი	adgili
exotismo (m)	ეგზოტიკა	egzot'ik'a
exótico	ეგზოტიკური	egzot'ik'uri
surpreendente	საოცარი	saotsari
grupo (m)	ჯგუფი	jgupi
excursão (f)	ექსკურსია	eksk'ursia
guia (m)	ექსკურსიის მძღოლი	eksk'ursiis mdzgholi

131. Hotel

hotel (m)	სასტუმრო	sast'umro
motel (m)	მოტელი	mot'eli
três estrelas	სამი ვარსკვლავი	sami varsk'vlavi

cinco estrelas	ხუთი ვარსკვლავი	khuti varsk'vlavi
ficar (~ num hotel)	გაჩერება	gachereba
quarto (m)	ნომერი	nomeri
quarto (m) individual	ერთადგილიანი ნომერი	ertadgiliani nomeri
quarto (m) duplo	ორადგილიანი ნომერი	oradgiliani nomeri
reservar um quarto	ნომრის დაჯავშნა	nomeris dajavshna
meia pensão (f)	ნახევარპანსიონი	nakhevarp'ansioni
pensão (f) completa	სრული პანსიონი	sruli p'ansioni
com banheira	სააბაზანოთი	saabazanoti
com duche	შხაპით	shkhap'it
televisão (m) satélite	თანამგზავრული ტელევიზია	tanamgzavruli t'elevizia
ar (m) condicionado	კონდიციონერი	k'onditsioneri
toalha (f)	პირსახოცი	p'irsakhotsi
chave (f)	გასაღები	gasaghebi
administrador (m)	ადმინისტრატორი	administ'rat'ori
camareira (f)	მოახლე	moakhle
bagageiro (m)	მებარგული	mebarguli
porteiro (m)	პორტიე	p'ort'ie
restaurante (m)	რესტორანი	rest'orani
bar (m)	ბარი	bari
pequeno-almoço (m)	საუზმე	sauzme
jantar (m)	ვახშამი	vakhshami
buffet (m)	შვედური მაგიდა	shveduri magida
hall (m) de entrada	ვესტიბიული	vest'ibiuli
elevador (m)	ლიფტი	lipt'i
NÃO PERTURBE	ნუ შემაწუხებთ	nu shemats'ukhebt
PROIBIDO FUMAR!	ნუ მოსწევთ!	nu mosts'evt!

132. Livros. Leitura

livro (m)	წიგნი	ts'igni
autor (m)	ავტორი	avt'ori
escritor (m)	მწერალი	mts'erali
escrever (vt)	დაწერა	dats'era
leitor (m)	მკითხველი	mk'itkhveli
ler (vt)	კითხვა	k'itkhva
leitura (f)	კითხვა	k'itkhva
para si	თავისთვის	tavistvis
em voz alta	ხმამაღლა	khmamaghla
publicar (vt)	გამოცემა	gamotsema
publicação (f)	გამოცემა	gamotsema
editor (m)	გამომცემელი	gamomtsemeli
editora (f)	გამომცემლობა	gamomtsemloba

sair (vi)	გამოსვლა	gamosvla
lançamento (m)	გამოსვლა	gamosvla
tiragem (f)	ტირაჟი	t'irazhi
livraria (f)	წიგნების მაღაზია	ts'ignebis maghazia
biblioteca (f)	ბიბლიოთეკა	bibliotek'a
novela (f)	მოთხრობა	motkhroba
conto (m)	მოთხრობა	motkhroba
romance (m)	რომანი	romani
romance (m) policial	დეტექტივი	det'ekt'ivi
memórias (f pl)	მემუარები	memuarebi
lenda (f)	ლეგენდა	legenda
mito (m)	მითი	miti
poesia (f)	ლექსები	leksebi
autobiografia (f)	ავტობიოგრაფია	avt'obiograpia
obras (f pl) escolhidas	რჩეული	rcheuli
ficção (f) científica	ფანტასტიკა	pant'ast'ik'a
título (m)	დასახელება	dasakheleba
introdução (f)	შესავალი	shesavali
folha (f) de rosto	სატიტულო ფურცელი	sat'it'ulo purtseli
capítulo (m)	თავი	tavi
excerto (m)	ნაწყვეტი	nats'qvet'i
episódio (m)	ეპიზოდი	ep'izodi
tema (m)	სიუჟეტი	siuzhet'i
conteúdo (m)	შინაარსი	shinaarsi
índice (m)	სარჩევი	sarchevi
protagonista (m)	მთავარი გმირი	mtavari gmiri
tomo, volume (m)	ტომი	t'omi
capa (f)	გარეკანი	garek'ani
encadernação (f)	ყდა	qda
marcador (m) de livro	სანიშნი	sanishni
página (f)	გვერდი	gverdi
folhear (vt)	გადაფურცვლა	gadapurtsvla
margem (f)	კიდეები	k'ideebi
anotação (f)	ჩანანიშნი	chananishni
nota (f) de rodapé	შენიშვნა	shenishvna
texto (m)	ტექსტი	t'ekst'i
fonte (f)	შრიფტი	shript'i
gralha (f)	ბეჭდვითი შეცდომა	bech'dviti shetsdoma
tradução (f)	თარგმანი	targmani
traduzir (vt)	თარგმნა	targmna
original (m)	დედანი	dedani
famoso	სახელგანთქმული	sakhelgantkmuli
desconhecido	ნაკლებად ცნობილი	nak'lebad tsnobili
interessante	საინტერესო	saint'ereso

best-seller (m)	ბესტსელერი	best'seleri
dicionário (m)	ლექსიკონი	leksik'oni
manual (m) escolar	სახელმძღვანელო	sakhelmdzghvanelo
enciclopédia (f)	ენციკლოპედია	entsik'lop'edia

133. Caça. Pesca

caça (f)	ნადირობა	nadiroba
caçar (vi)	ნადირობა	nadiroba
caçador (m)	მონადირე	monadire
atirar (vi)	სროლა	srola
caçadeira (f)	თოფი	topi
cartucho (m)	ვაზნა	vazna
chumbo (m) de caça	საფანტი	sapant'i
armadilha (f)	ხაფანგი	khapangi
armadilha (com corda)	მახე	makhe
cair na armadilha	ხაფანგში მოხვედრა	khapangshi mokhvedra
pôr a armadilha	ხაფანგის დაგება	khapangis dageba
caçador (m) furtivo	ბრაკონიერი	brak'onieri
caça (f)	ნანადირევი	nanadirevi
cão (m) de caça	მონადირე ძაღლი	monadire dzaghli
safári (m)	საფარი	sapari
animal (m) empalhado	ფიტული	pit'uli
pescador (m)	მეთევზე	metevze
pesca (f)	თევზაობა	tevzaoba
pescar (vt)	თევზაობა	tevzaoba
cana (f) de pesca	ანკესი	ank'esi
linha (f) de pesca	ანკესის მკედი	ank'esis mk'edi
anzol (m)	ნემსკავი	nemsk'avi
boia (f)	ტივტივა	t'ivt'iva
isca (f)	სატყუარა	sat'quara
lançar a linha	ანკესის გადაგდება	ank'esis gadagdeba
morder (vt)	ანკესზე წამოგება	ank'esze ts'amogeba
pesca (f)	ნათევზავი	natevzavi
buraco (m) no gelo	ყინულჭრილი	qinulch'rili
rede (f)	ბადე	bade
barco (m)	ნავი	navi
pescar com rede	ბადით ჭერა	badit ch'era
lançar a rede	ბადის გადაგდება	badis gadagdeba
puxar a rede	ბადის ამოღება	badis amogheba
cair nas malhas	ბადეში მოხვედრა	badeshi mokhvedra
baleeiro (m)	ვეშაპზე ნადირობა	veshap'ze nadiroba
baleeira (f)	ვეშაპზე სანადირო გემი	veshap'ze sanadiro gemi
arpão (m)	ჰარპუნი	harp'uni

134. Jogos. Bilhar

bilhar (m)	ბილიარდი	biliardi
sala (f) de bilhar	საბილიარდო	sabiliardo
bola (f) de bilhar	ბილიარდის ბურთი	biliardis burti
embolsar uma bola	ბურთის ჩაგდება	burtis chagdeba
taco (m)	ბილიარდის ჯოხი	biliardis jokhi
caçapa (f)	ლუზა	luza

135. Jogos. Jogar cartas

ouros (m pl)	აგური	aguri
espadas (f pl)	ყვავი	qvavi
copas (f pl)	გული	guli
paus (m pl)	ჯვარი	jvari
ás (m)	ტუზი	t'uzi
rei (m)	მეფე	mepe
dama (f)	ქალი	kali
valete (m)	ვალეტი	valet'i
carta (f) de jogar	კარტი	k'art'i
cartas (f pl)	კარტი	k'art'i
trunfo (m)	კოზირი	k'oziri
baralho (m)	დასტა	dast'a
ponto (m)	ქულა	kula
dar, distribuir (vt)	დარიგება	darigeba
embaralhar (vt)	არევა	areva
vez, jogada (f)	სვლა	svla
batoteiro (m)	შულერი	shuleri

136. Descanso. Jogos. Diversos

passear (vi)	სეირნობა	seirnoba
passeio (m)	გასეირნება	gaseirneba
viagem (f) de carro	გასეირნება	gaseirneba
aventura (f)	თავგადასავალი	tavgadasavali
piquenique (m)	პიკნიკი	p'ik'nik'i
jogo (m)	თამაში	tamashi
jogador (m)	მოთამაშე	motamashe
partida (f)	პარტია	p'art'ia
colecionador (m)	კოლექციონერი	k'olektsioneri
colecionar (vt)	კოლექციონირება	k'olektsionireba
coleção (f)	კოლექცია	k'olektsia
palavras (f pl) cruzadas	კროსვორდი	k'rosvordi
hipódromo (m)	იპოდრომი	ip'odromi

discoteca (f)	დისკოთეკა	disk'otek'a
sauna (f)	საუნა	sauna
lotaria (f)	ლატარეა	lat'area
campismo (m)	ლაშქრობა	lashkroba
acampamento (m)	ბანაკი	banak'i
tenda (f)	კარავი	k'aravi
bússola (f)	კომპასი	k'omp'asi
campista (m)	ტურისტი	t'urist'i
ver (vt), assistir à ...	ყურება	qureba
telespectador (m)	ტელემაყურებელი	t'elemaqurebeli
programa (m) de TV	ტელეგადაცემა	t'elegadatsema

137. Fotografia

máquina (f) fotográfica	ფოტოაპარატი	pot'oap'arat'i
foto, fotografia (f)	ფოტოსურათი	pot'osurati
fotógrafo (m)	ფოტოგრაფი	pot'ograpi
estúdio (m) fotográfico	ფოტოსტუდია	pot'ost'udia
álbum (m) de fotografias	ფოტოალბომი	pot'oalbomi
objetiva (f)	ობიექტივი	obiekt'ivi
teleobjetiva (f)	ტელეობიექტივი	t'eleobiekt'ivi
filtro (m)	ფილტრი	pilt'ri
lente (f)	ლინზა	linza
ótica (f)	ოპტიკა	op't'ik'a
abertura (f)	დიაფრაგმა	diapragma
exposição (f)	დაყოვნება	daqovneba
visor (m)	ხედის მაძიებელი	khedis madziebeli
câmara (f) digital	ციფრული კამერა	tsipruli k'amera
tripé (m)	შტატივი	sht'at'ivi
flash (m)	განათება	ganateba
fotografar (vt)	სურათის გადაღება	suratis gadagheba
tirar fotos	გადაღება	gadagheba
fotografar-se	სურათის გადაღება	suratis gadagheba
foco (m)	სიმკვეთრე	simk'vetre
focar (vt)	სიმკვეთრის დაყენება	simk'vetris daqeneba
nítido	მკვეთრი	mk'vetri
nitidez (f)	სიმკვეთრე	simk'vetre
contraste (m)	კონტრასტი	k'ont'rast'i
contrastante	კონტრასტული	k'ont'rast'uli
retrato (m)	ფოტოსურათი	pot'osurati
negativo (m)	ნეგატივი	negat'ivi
filme (m)	ფოტოფირი	pot'opiri
fotograma (m)	კადრი	k'adri
imprimir (vt)	ბეჭდვა	bech'dva

138. Praia. Natação

praia (f)	პლაჟი	p'lazhi
areia (f)	ქვიშა	kvisha
deserto	უდაბური	udaburi
bronzeado (m)	ნამზეური	namzeuri
bronzear-se (vr)	მზეზე გაშავება	mzeze gashaveba
bronzeado	მზემოკიდებული	mzemok'idebuli
protetor (m) solar	ნამზეურის კრემი	namzeuris k'remi
biquíni (m)	ბიკინი	bik'ini
fato (m) de banho	საბანაო კოსტიუმი	sabanao k'ost'iumi
calção (m) de banho	საბანაო ტრუსი	sabanao t'rusi
piscina (f)	აუზი	auzi
nadar (vi)	ცურვა	tsurva
duche (m)	შხაპი	shkhap'i
mudar de roupa	გამოცვლა	gamotsvla
toalha (f)	პირსახოცი	p'irsakhotsi
barco (m)	ნავი	navi
lancha (f)	კატარღა	k'at'argha
esqui (m) aquático	წყლის თხილამურები	ts'qlis tkhilamurebi
barco (m) de pedais	წყლის ველოსიპედი	ts'qlis velosip'edi
surf (m)	სერფინგი	serpingi
surfista (m)	სერფინგისტი	serpingist'i
equipamento (m) de mergulho	აკვალანგი	ak'valangi
barbatanas (f pl)	ლასტები	last'ebi
máscara (f)	ნიღაბი	nighabi
mergulhador (m)	მყვინთავი	mqvintavi
mergulhar (vi)	ყვინთვა	qvintva
debaixo d'água	წყლის ქვეშ	ts'qlis kvesh
guarda-sol (m)	ქოლგა	kolga
espreguiçadeira (f)	შეზლონგი	shezlongi
óculos (m pl) de sol	სათვალე	satvale
colchão (m) de ar	საცურაო ლეიბი	satsurao leibi
brincar (vi)	თამაში	tamashi
ir nadar	ბანაობა	banaoba
bola (f) de praia	ბურთი	burti
encher (vt)	გაბერვა	gaberva
inflável, de ar	გასაბერი	gasaberi
onda (f)	ტალღა	t'algha
boia (f)	ტივტივა	t'ivt'iva
afogar-se (pessoa)	დახრჩობა	dakhrchoba
salvar (vt)	შველა	shvela
colete (m) salva-vidas	სამაშველო ჟილეტი	samashvelo zhilet'i
observar (vt)	დაკვირვება	dak'virveba
nadador-salvador (m)	მაშველი	mashveli

EQUIPAMENTO TÉCNICO. TRANSPORTES

Equipamento técnico. Transportes

139. Computador

computador (m)	კომპიუტერი	k'omp'iut'eri
portátil (m)	ნოუთბუკი	noutbuk'i
ligar (vt)	ჩართვა	chartva
desligar (vt)	გამორთვა	gamortva
teclado (m)	კლავიატურა	k'laviat'ura
tecla (f)	კლავიში	k'lavishi
rato (m)	თაგუნა	taguna
tapete (m) de rato	ქვეშსადები	kveshsadebi
botão (m)	ღილაკი	ghilak'i
cursor (m)	კურსორი	k'ursori
monitor (m)	მონიტორი	monit'ori
ecrã (m)	ეკრანი	ek'rani
disco (m) rígido	მყარი დისკი	mqari disk'i
capacidade (f) do disco rígido	მყარი დისკის მოცულობა	mqari disk'is motsuloba
memória (f)	მეხსიერება	mekhsiereba
memória RAM (f)	ოპერატიული მეხსიერება	op'erat'iuli mekhsiereba
ficheiro (m)	ფაილი	paili
pasta (f)	საქაღალდე	sakaghalde
abrir (vt)	გახსნა	gakhsna
fechar (vt)	დახურვა	dakhurva
guardar (vt)	შენახვა	shenakhva
apagar, eliminar (vt)	წაშლა	ts'ashla
copiar (vt)	კოპირება	k'op'ireba
ordenar (vt)	სორტირება	sort'ireba
copiar (vt)	გადაწერა	gadats'era
programa (m)	პროგრამა	p'rograma
software (m)	პროგრამული უზრუნველყოფა	p'rogramuli uzrunvelqopa
programador (m)	პროგრამისტი	p'rogramist'i
programar (vt)	პროგრამირება	p'rogramireba
hacker (m)	ჰაკერი	hak'eri
senha (f)	პაროლი	p'aroli
vírus (m)	ვირუსი	virusi
detetar (vt)	აღმოჩენა	aghmochena

byte (m)	ბაიტი	bait'i
megabyte (m)	მეგაბაიტი	megabait'i
dados (m pl)	მონაცემები	monatsemebi
base (f) de dados	მონაცემთა ბაზა	monatsemta baza
cabo (m)	კაბელი	k'abeli
desconectar (vt)	მოცილება	motsileba
conetar (vt)	შეერთება	sheerteba

140. Internet. E-mail

internet (f)	ინტერნეტი	int'ernet'i
browser (m)	ბრაუზერი	brauzeri
motor (m) de busca	საძიებო რესურსი	sadziebo resursi
provedor (m)	პროვაიდერი	p'rovaideri
webmaster (m)	ვებ-მასტერი	veb-mast'eri
website, sítio web (m)	ვებ-საიტი	veb-sait'i
página (f) web	ვებ-გვერდი	veb-gverdi
endereço (m)	მისამართი	misamarti
livro (m) de endereços	სამისამართო წიგნაკი	samisamarto ts'ignak'i
caixa (f) de correio	საფოსტო ყუთი	sapost'o quti
correio (m)	ფოსტა	post'a
cheia (caixa de correio)	გავსებული	gavsebuli
mensagem (f)	შეტყობინება	shet'qobineba
mensagens (f pl) recebidas	შემავალი შეტყობინებები	shemavali shet'qobinebebi
mensagens (f pl) enviadas	გამავალი შეტყობინებები	gamavali shet'qobinebebi
remetente (m)	გამგზავნი	gamgzavni
enviar (vt)	გაგზავნა	gagzavna
envio (m)	გაგზავნა	gagzavna
destinatário (m)	მიმღები	mimghebi
receber (vt)	მიღება	migheba
correspondência (f)	მიმოწერა	mimots'era
corresponder-se (vr)	მიმოწერის ქონა	mimots'eris kona
ficheiro (m)	ფაილი	paili
fazer download, baixar	ჩამოტვირთვა	chamot'virtva
criar (vt)	შექმნა	shekmna
apagar, eliminar (vt)	წაშლა	ts'ashla
eliminado	წაშლილი	ts'ashlili
conexão (f)	კავშირი	k'avshiri
velocidade (f)	სიჩქარე	sichkare
modem (m)	მოდემი	modemi
acesso (m)	შეღწევა	sheghts'eva
porta (f)	პორტი	p'ort'i
conexão (f)	ჩართვა	chartva

conetar (vi)	ჩართვა	chartva
escolher (vt)	არჩევა	archeva
buscar (vt)	ძებნა	dzebna

Transportes

141. Avião

avião (m)	თვითმფრინავი	tvitmprinavi
bilhete (m) de avião	ავიაბილეთი	aviabileti
companhia (f) aérea	ავიაკომპანია	aviak'omp'ania
aeroporto (m)	აეროპორტი	aerop'ort'i
supersónico	ზებგერითი	zebgeriti
comandante (m) do avião	ხომალდის მეთაური	khomaldis metauri
tripulação (f)	ეკიპაჟი	ek'ip'azhi
piloto (m)	პილოტი	p'ilot'i
hospedeira (f) de bordo	სტიუარდესა	st'iuardesa
copiloto (m)	შტურმანი	sht'urmani
asas (f pl)	ფრთები	prtebi
cauda (f)	კუდი	k'udi
cabine (f) de pilotagem	კაბინა	k'abina
motor (m)	ძრავი	dzravi
trem (m) de aterragem	შასი	shasi
turbina (f)	ტურბინა	t'urbina
hélice (f)	პროპელერი	p'rop'eleri
caixa-preta (f)	შავი ყუთი	shavi quti
coluna (f) de controlo	საჭევრი	sach'evri
combustível (m)	საწვავი	sats'vavi
instruções (f pl) de segurança	ინსტრუქცია	inst'ruktsia
máscara (f) de oxigénio	ჟანგბადის ნიღაბი	zhangbadis nighabi
uniforme (m)	უნიფორმა	uniporma
colete (m) salva-vidas	სამაშველო ჟილეტი	samashvelo zhilet'i
paraquedas (m)	პარაშუტი	p'arashut'i
descolagem (f)	აფრენა	aprena
descolar (vi)	აფრენა	aprena
pista (f) de descolagem	ასაფრენი ზოლი	asapreni zoli
visibilidade (f)	ხილვადობა	khilvadoba
voo (m)	ფრენა	prena
altura (f)	სიმაღლე	simaghle
poço (m) de ar	ჰაერის ორმო	haeris ormo
assento (m)	ადგილი	adgili
auscultadores (m pl)	საყურისი	saqurisi
mesa (f) rebatível	გადასაწევი მაგიდა	gadasats'evi magida
vigia (f)	ილუმინატორი	iluminat'ori
passagem (f)	გასასვლელი	gasasvleli

142. Comboio

comboio (m)	მატარებელი	mat'arebeli
comboio (m) suburbano	ელექტრომატარებელი	elekt'romat'arebeli
comboio (m) rápido	ჩქაროსნული მატარებელი	chkarosnuli mat'arebeli
locomotiva (f) diesel	თბომავალი	tbomavali
locomotiva (f) a vapor	ორთქლმავალი	ortklmavali
carruagem (f)	ვაგონი	vagoni
carruagem restaurante (f)	ვაგონი-რესტორანი	vagoni-rest'orani
carris (m pl)	რელსი	relsi
caminho de ferro (m)	რკინიგზა	rk'inigza
travessa (f)	შპალი	shp'ali
plataforma (f)	პლათფორმა	p'latporma
linha (f)	ლიანდაგი	liandagi
semáforo (m)	სემაფორი	semapori
estação (f)	სადგური	sadguri
maquinista (m)	მემანქანე	memankane
bagageiro (m)	მებარგული	mebarguli
hospedeiro, -a (da carruagem)	გამყოლი	gamqoli
passageiro (m)	მგზავრი	mgzavri
revisor (m)	კონტროლიორი	k'ont'roliori
corredor (m)	დერეფანი	derepani
freio (m) de emergência	სტოპ-კრანი	st'op'-k'rani
compartimento (m)	კუპე	k'up'e
cama (f)	თარო	taro
cama (f) de cima	ზედა თარო	zeda taro
cama (f) de baixo	ქვედა თარო	kveda taro
roupa (f) de cama	თეთრეული	tetreuli
bilhete (m)	ბილეთი	bileti
horário (m)	განრიგი	ganrigi
painel (m) de informação	ტაბლო	t'ablo
partir (vt)	გასვლა	gasvla
partida (f)	გამგზავრება	gamgzavreba
chegar (vi)	ჩამოსვლა	chamosvla
chegada (f)	ჩამოსვლა	chamosvla
chegar de comboio	მატარებლით მოსვლა	mat'areblit mosvla
apanhar o comboio	მატარებელში ჩაჯდომა	mat'arebelshi chajdoma
sair do comboio	მატარებლიდან ჩამოსვლა	mat'areblidan chamosvla
acidente (m) ferroviário	მარცხი	martskhi
descarrilar (vi)	რელსებიდან გადასვლა	relsebidan gadasvla
locomotiva (f) a vapor	ორთქლმავალი	ortklmavali
fogueiro (m)	ცეცხლფარეში	tsetskhlpareshi
fornalha (f)	საცეცხლე	satsetskhle
carvão (m)	ნახშირი	nakhshiri

143. Barco

navio (m)	გემი	gemi
embarcação (f)	ხომალდი	khomaldi
vapor (m)	ორთქლმავალი	ortklmavali
navio (m)	თბომავალი	tbomavali
transatlântico (m)	ლაინერი	laineri
cruzador (m)	კრეისერი	k'reiseri
iate (m)	იახტა	iakht'a
rebocador (m)	ბუქსირი	buksiri
barcaça (f)	ბარჟა	barzha
ferry (m)	ბორანი	borani
veleiro (m)	იალქნიანი გემი	ialkniani gemi
bergantim (m)	ბრიგანტინა	brigant'ina
quebra-gelo (m)	ყინულმჭრელი	qinulmch'reli
submarino (m)	წყალქვეშა ნავი	ts'qalkvesha navi
bote, barco (m)	ნავი	navi
bote, dingue (m)	კანჯო	k'anjo
bote (m) salva-vidas	მაშველი კანჯო	mashveli k'anjo
lancha (f)	კატარღა	k'at'argha
capitão (m)	კაპიტანი	k'ap'it'ani
marinheiro (m)	მატროსი	mat'rosi
marujo (m)	მეზღვაური	mezghvauri
tripulação (f)	ეკიპაჟი	ek'ip'azhi
contramestre (m)	ბოცმანი	botsmani
grumete (m)	იუნგა	iunga
cozinheiro (m) de bordo	კოკი	k'ok'i
médico (m) de bordo	გემის ექიმი	gemis ekimi
convés (m)	გემბანი	gembani
mastro (m)	ანძა	andza
vela (f)	იალქანი	ialkani
porão (m)	ტრიუმი	t'riumi
proa (f)	ცხვირი	tskhviri
popa (f)	კიჩო	k'icho
remo (m)	ნიჩაბი	nichabi
hélice (f)	ხრახნი	khrakhni
camarote (m)	კაიუტა	k'aiut'a
sala (f) dos oficiais	კაიუტკომპანია	k'aiut'k'omp'ania
sala (f) das máquinas	სამანქანო განყოფილება	samankano ganqopileba
ponte (m) de comando	კაპიტნის ხიდურა	k'ap'it'nis khidura
sala (f) de comunicações	რადიოჯიხური	radiojikhuri
onda (f) de rádio	ტალღა	t'algha
diário (m) de bordo	გემის ჟურნალი	gemis zhurnali
luneta (f)	ჭოგრი	ch'ogri
sino (m)	ზარი	zari

bandeira (f)	დროშა	drosha
cabo (m)	ბაგირი	bagiri
nó (m)	კვანძი	k'vandzi
corrimão (m)	სახელური	sakheluri
prancha (f) de embarque	ტრაპი	t'rap'i
âncora (f)	ღუზა	ghuza
recolher a âncora	ღუზის ამოწევა	ghuzis amots'eva
lançar a âncora	ღუზის ჩაშვება	ghuzis chashveba
amarra (f)	ღუზის ჯაჭვი	ghuzis jach'vi
porto (m)	ნავსადგური	navsadguri
cais, amarradouro (m)	მისადგომი	misadgomi
atracar (vi)	მიდგომა	midgoma
desatracar (vi)	ნაპირს მოცილება	nap'irs motsileba
viagem (f)	მოგზაურობა	mogzauroba
cruzeiro (m)	კრუიზი	k'ruizi
rumo (m), rota (f)	კურსი	k'ursi
itinerário (m)	მარშრუტი	marshrut'i
canal (m) navegável	ფარვატერი	parvat'eri
banco (m) de areia	თავთხელი	tavtkheli
encalhar (vt)	თავთხელზე დაჯდომა	tavtkhelze dajdoma
tempestade (f)	ქარიშხალი	karishkhali
sinal (m)	სიგნალი	signali
afundar-se (vr)	ჩაძირვა	chadzirva
Homem ao mar!	ადამიანი ბორტს იქით!	adamiani bort's ikit!
SOS	სოს	sos
boia (f) salva-vidas	საშველი რგოლი	sashveli rgoli

144. Aeroporto

aeroporto (m)	აეროპორტი	aerop'ort'i
avião (m)	თვითმფრინავი	tvitmprinavi
companhia (f) aérea	ავიაკომპანია	aviak'omp'ania
controlador (m) de tráfego aéreo	დისპეჩერი	disp'echeri
partida (f)	გაფრენა	gaprena
chegada (f)	მოფრენა	moprena
chegar (~ de avião)	მოფრენა	moprena
hora (f) de partida	გაფრენის დრო	gaprenis dro
hora (f) de chegada	მოფრენის დრო	moprenis dro
estar atrasado	დაგვიანება	dagvianeba
atraso (m) de voo	გაფრენის დაგვიანება	gaprenis dagvianeba
painel (m) de informação	საინფორმაციო ტაბლო	sainpormatsio t'ablo
informação (f)	ინფორმაცია	inpormatsia
anunciar (vt)	გამოცხადება	gamotskhadeba

voo (m)	რეისი	reisi
alfândega (f)	საბაჟო	sabazho
funcionário (m) da alfândega	მებაჟე	mebazhe
declaração (f) alfandegária	დეკლარაცია	dek'laratsia
preencher a declaração	დეკლარაციის შევსება	dek'laratsiis shevseba
controlo (m) de passaportes	საპასპორტო კონტროლი	sap'asp'ort'o k'ont'roli
bagagem (f)	ბარგი	bargi
bagagem (f) de mão	ხელის ბარგი	khelis bargi
carrinho (m)	ურიკა	urik'a
aterragem (f)	დაჯდომა	dajdoma
pista (f) de aterragem	დასაფრენი ზოლი	dasapreni zoli
aterrar (vi)	დაჯდომა	dajdoma
escada (f) de avião	ტრაპი	t'rap'i
check-in (m)	რეგისტრაცია	regist'ratsia
balcão (m) do check-in	სარეგისტრაციო დგარი	saregist'ratsio dgari
fazer o check-in	დარეგისტრირება	daregist'rireba
cartão (m) de embarque	ჩასაჯდომი ტალონი	chasajdomi t'aloni
porta (f) de embarque	გასვლა	gasvla
trânsito (m)	ტრანზიტი	t'ranzit'i
esperar (vi, vt)	ლოდინი	lodini
sala (f) de espera	მოსაცდელი დარბაზი	mosatsdeli darbazi
despedir-se de ...	გაცილება	gatsileba
despedir-se (vr)	გამომშვიდობება	gamomshvidobeba

145. Bicicleta. Motocicleta

bicicleta (f)	ველოსიპედი	velosip'edi
scotter, lambreta (f)	მოტოროლერი	mot'oroleri
mota (f)	მოტოციკლი	mot'otsik'li
ir de bicicleta	ველოსიპედით სიარული	velosip'edit siaruli
guiador (m)	საჭე	sach'e
pedal (m)	პედალი	p'edali
travões (m pl)	მუხრუჭები	mukhruch'ebi
selim (m)	საჯდომი	sajdomi
bomba (f) de ar	ტუმბო	t'umbo
porta-bagagens (m)	საბარგული	sabarguli
lanterna (f)	ფარანი	parani
capacete (m)	ჩაფხუტი	chapkhut'i
roda (f)	ბორბალი	borbali
guarda-lamas (m)	ფრთა	prta
aro (m)	ფერსო	perso
raio (m)	მანა	mana

Carros

146. Tipos de carros

carro, automóvel (m)	ავტომობილი	avt'omobili
carro (m) desportivo	სასპორტო ავტომობილი	sasp'ort'o avt'omobili
limusine (f)	ლიმუზინი	limuzini
todo o terreno (m)	ყველგანმავალი	qvelganmavali
descapotável (m)	კაბრიოლეტი	k'abriolet'i
minibus (m)	მიკროავტობუსი	mik'roavt'obusi
ambulância (f)	სასწრაფო დახმარება	sasts'rapo dakhmareba
limpa-neve (m)	თოვლსაღები მანქანა	tovlsaghebi mankana
camião (m)	სატვირთო მანქანა	sat'virto mankana
camião-cisterna (m)	ბენზინმზიდი	benzinmzidi
carrinha (f)	ფურგონი	purgoni
camião-trator (m)	საწევრი	sats'evri
atrelado (m)	მისაბმელი	misabmeli
confortável	კომფორტული	k'omport'uli
usado	ნახმარი	nakhmari

147. Carros. Carroçaria

capô (m)	კაპოტი	k'ap'ot'i
guarda-lamas (m)	ფრთა	prta
tejadilho (m)	სახურავი	sakhuravi
para-brisa (m)	საქარე მინა	sakare mina
espelho (m) retrovisor	უკანა ხედის სარკე	uk'ana khedis sark'e
lavador (m)	გამრეცხი	gamretskhi
limpa-para-brisas (m)	მინასაწმენდი	minasats'mendi
vidro (m) lateral	გვერდითი მინა	gverditi mina
elevador (m) do vidro	მინის ამწევი	minis amts'evi
antena (f)	ანტენა	ant'ena
teto solar (m)	ლიუკი	liuk'i
para-choques (m pl)	ბამპერი	bamp'eri
bagageira (f)	საბარგული	sabarguli
porta (f)	კარი	k'ari
maçaneta (f)	სახელური	sakheluri
fechadura (f)	კლიტე	k'lit'e
matrícula (f)	ნომერი	nomeri
silenciador (m)	მაყუჩი	maquchi

tanque (m) de gasolina	ბენზინის ავზი	benzinis avzi
tubo (m) de escape	გამოსაბოლქვი მილი	gamosabolkvi mili
acelerador (m)	გაზი	gazi
pedal (m)	სატერფული	sat'erpuli
pedal (m) do acelerador	გაზის სატერფული	gazis sat'erpuli
travão (m)	მუხრუჭი	mukhruch'i
pedal (m) do travão	მუხრუჭის სატერფული	mukhruch'is sat'erpuli
travar (vt)	დამუხრუჭება	damukhruch'eba
travão (m) de mão	სადგომი მუხრუჭი	sadgomi mukhruch'i
embraiagem (f)	გადაბმულობა	gadabmuloba
pedal (m) da embraiagem	გადაბმულობის სატერფული	gadabmulobis sat'erpuli
disco (m) de embraiagem	გადაბმულობის დისკი	gadabmulobis disk'i
amortecedor (m)	ამორტიზატორი	amort'izat'ori
roda (f)	ბორბალი	borbali
pneu (m) sobresselente	სათადარიგო ბორბალი	satadarigo borbali
pneu (m)	საბურავი	saburavi
tampão (m) de roda	ხუფი	khupi
rodas (f pl) motrizes	წამყვანი ბორბალი	ts'amqvani borbali
de tração dianteira	წინა მძრავიანი	ts'ina mdzraviani
de tração traseira	უკანა მძრავიანი	uk'ana mdzraviani
de tração às 4 rodas	სრულ მძრავიანი	srul mdzraviani
caixa (f) de mudanças	გადაცემათა კოლოფი	gadatsemata k'olopi
automático	ავტომატური	avt'omat'uri
mecânico	მექანიკური	mekanik'uri
alavanca (f) das mudanças	გადაცემათა კოლოფის ბერკეტი	gadatsemata k'olopis berk'et'i
farol (m)	ფარა	para
faróis, luzes	ფარები	parebi
médios (m pl)	ახლო განათება	akhlo ganateba
máximos (m pl)	შორი განათება	shori ganateba
luzes (f pl) de stop	სტოპ-სიგნალი	st'op'-signali
mínimos (m pl)	გაბარიტული განათება	gabarit'uli ganateba
luzes (f pl) de emergência	ავარიული განათება	avariuli ganateba
faróis (m pl) antinevoeiro	ნისლსაწინააღმდეგო ფარები	nislsats'inaaghmdego parebi
pisca-pisca (m)	„მოხვევის ნიშანი“	mokhvevis nishani
luz (f) de marcha atrás	„უკუსვლა“	uk'usvla

148. Carros. Habitáculo

interior (m) do carro	სალონი	saloni
de couro, de pele	ტყავის	t'qavis
de veludo	ველიურის	veliuris
estofos (m pl)	გადასაკრავი	gadasak'ravi
indicador (m)	ხელსაწყო	khelsats'qo

painel (m) de instrumentos	ხელსაწყოს დაფა	khelsats'qos dapa
velocímetro (m)	სპიდომეტრი	sp'idomet'ri
ponteiro (m)	ისარი	isari
conta-quilómetros (m)	მრიცხველი	mritskhveli
sensor (m)	გადამწოდი	gadamts'odi
nível (m)	დონე	done
luz (f) avisadora	ნათურა	natura
volante (m)	საჭე, საჭის ბორბალი	sach'e, sach'is borbali
buzina (f)	სიგნალი	signali
botão (m)	ღილაკი	ghilak'i
interruptor (m)	გადამრთველი	gadamrtveli
assento (m)	საჯდომი	sajdomi
costas (f pl) do assento	ზურგი	zurgi
cabeceira (f)	თავმისადები	tavmisadebi
cinto (m) de segurança	უსაფრთხოების ღვედი	usaprtkhoebis ghvedi
apertar o cinto	ღვედების შეკვრა	ghvedebis shek'vra
regulação (f)	რეგულირება	regulireba
airbag (m)	საჰაერო ბალიში	sahaero balishi
ar (m) condicionado	კონდიციონერი	k'onditsioneri
rádio (m)	რადიო	radio
leitor (m) de CD	CD-საკრავი	CD-sak'ravi
ligar (vt)	ჩართვა	chartva
antena (f)	ანტენა	ant'ena
porta-luvas (m)	პატარა საბარგული	p'at'ara sabarguli
cinzeiro (m)	საფერფლე	saperple

149. Carros. Motor

motor (m)	ძრავა	dzrava
diesel	დიზელის	dizelis
a gasolina	ბენზინის	benzinis
cilindrada (f)	ძრავის მოცულობა	dzravis motsuloba
potência (f)	სიმძლავრე	simdzlavre
cavalo-vapor (m)	ცხენის ძალა	tskhenis dzala
pistão (m)	დგუში	dgushi
cilindro (m)	ცილინდრი	tsilindri
válvula (f)	სარქველი	sarkveli
injetor (m)	ინჟექტორი	inzhekt'ori
gerador (m)	გენერატორი	generat'ori
carburador (m)	კარბიურატორი	k'arbiurat'ori
óleo (m) para motor	ძრავის ზეთი	dzravis zeti
radiador (m)	რადიატორი	radiat'ori
refrigerante (m)	მაცივებელი სითხე	matsivebeli sitkhe
ventilador (m)	ვენტილატორი	vent'ilat'ori
bateria (f)	აკუმულატორი	ak'umulat'ori
dispositivo (m) de arranque	სტარტერი	st'art'eri

ignição (f)	ანთება	anteba
vela (f) de ignição	ამნთები სანთელი	amntebi santeli
borne (m)	კლემა	k'lema
borne (m) positivo	პლიუსი	p'liusi
borne (m) negativo	მინუსი	minusi
fusível (m)	მცველი	mtsveli
filtro (m) de ar	საჰაერო ფილტრი	sahaero pilt'ri
filtro (m) de óleo	ზეთის ფილტრი	zetis pilt'ri
filtro (m) de combustível	საწვავის ფილტრი	sats'vavis pilt'ri

150. Carros. Batidas. Reparação

acidente (m) de carro	ავარია	avaria
acidente (m) rodoviário	საგზაო შემთხვევა	sagzao shemtkhveva
ir contra ...	შეჯახება	shejakheba
sofrer um acidente	დამტვრევა	damt'vreva
danos (m pl)	დაზიანება	dazianeba
intato	დაუზიანებელი	dauzianebeli
avaria (no motor, etc.)	ავარია	avaria
avariar (vi)	დამტვრევა	damt'vreva
cabo (m) de reboque	საბუქსირო ტროსი	sabuksiro t'rosi
furo (m)	გახვრეტა	gakhvret'a
estar furado	ჩაფუშვა	chapushva
encher (vt)	დატუმბვა	dat'umbva
pressão (f)	წნევა	ts'neva
verificar (vt)	შემოწმება	shemots'meba
reparação (f)	რემონტი	remont'i
oficina (f) de reparação de carros	ავტოსერვისი	avt'oservisi
peça (f) sobresselente	სათადარიგო ნაწილი	satadarigo nats'ili
peça (f)	დეტალი	det'ali
parafuso (m)	ჭანჭიკი	ch'anch'ik'i
parafuso (m)	ხრახნი	khrakhni
porca (f)	ქანჩი	kanchi
anilha (f)	საყელური	saqeluri
rolamento (m)	საკისარი	sak'isari
tubo (m)	მილი	mili
junta (f)	შუასადები	shuasadebi
fio, cabo (m)	სადენი	sadeni
macaco (m)	დომკრატი	domk'rat'i
chave (f) de boca	ქანჩის გასაღები	kanchis gasaghebi
martelo (m)	ჩაქუჩი	chakuchi
bomba (f)	ტუმბო	t'umbo
chave (f) de fendas	სახრახნისი	sakhrakhnisi
extintor (m)	ცეცხლსაქრობი	tsetskhlsakrobi
triângulo (m) de emergência	საავარიო სამკუთხედი	saavario samk'utkhedi

parar (vi) (motor)	ჩაქრობა	chakroba
paragem (f)	გაჩერება	gachereba
estar quebrado	დაიმტვრეს	daimt'vres
superaquecer-se (vr)	გადახურება	gadakhureba
entupir-se (vr)	გაჭედვა	gach'edva
congelar-se (vr)	გაყინვა	gaqinva
rebentar (vi)	გახეთქვა	gakhetkva
pressão (f)	წნევა	ts'neva
nível (m)	დონე	done
frouxo	სუსტი	sust'i
mossa (f)	შეჭყლეტილი	shech'qlet'ili
ruído (m)	კაკუნი	k'ak'uni
fissura (f)	ბზარი	bzari
arranhão (m)	ნაკაწრი	nak'ats'ri

151. Carros. Estrada

estrada (f)	გზა	gza
autoestrada (f)	ავტომაგისტრალი	avt'omagist'rali
rodovia (f)	გზატკეცილი	gzat'k'etsili
direção (f)	მიმართულება	mimartuleba
distância (f)	მანძილი	mandzili
ponte (f)	ხიდი	khidi
parque (m) de estacionamento	პარკინგი	p'ark'ingi
praça (f)	მოედანი	moedani
nó (m) rodoviário	კვანძი	k'vandzi
túnel (m)	გვირაბი	gvirabi
posto (m) de gasolina	ავტოგასამართი	avt'ogasamarti
parque (m) de estacionamento	ავტოსადგომი	avt'osadgomi
bomba (f) de gasolina	ბენზინგასამართი	benzingasamarti
oficina (f) de reparação de carros	ავტოსერვისი	avt'oservisi
abastecer (vt)	შევსება	shevseba
combustível (m)	საწვავი	sats'vavi
bidão (m) de gasolina	კანისტრა	k'anist'ra
asfalto (m)	ასფალტი	aspalt'i
marcação (f) de estradas	მონიშვნა	monishvna
lancil (m)	ბორდიური	bordiuri
proteção (f) guard-rail	შემოღობვა	shemoghobva
valeta (f)	კიუვეტი	k'iuvet'i
berma (f) da estrada	გზისპირი	gzisp'iri
poste (m) de luz	სვეტი	svet'i
conduzir, guiar (vt)	მართვა	martva
virar (ex. ~ à direita)	მობრუნება	mobruneba
dar retorno	მობრუნება	mobruneba
marcha-atrás (f)	უკუსვლა	uk'usvla
buzinar (vi)	დასიგნალება	dasignaleba

buzina (f)	ხმოვანი სიგნალი	khmovani signali
atolar-se (vr)	გაჭედვა	gach'edva
patinar (na lama)	ბუქსაობა	buksaoba
desligar (vt)	ჩაქრობა	chakroba
velocidade (f)	სიჩქარე	sichkare
exceder a velocidade	სიჩქარის გადაჭარბება	sichkaris gadach'arbeba
multar (vt)	დაჯარიმება	dajarimeba
semáforo (m)	შუქნიშანი	shuknishani
carta (f) de condução	მართვის მოწმობა	martvis mots'moba
passagem (f) de nível	გადასასვლელი	gadasasvleli
cruzamento (m)	გზაჯვარედინი	gzajvaredini
passadeira (f)	საქვეითო გადასასვლელი	sakveito gadasasvleli
curva (f)	შესახვევი	shesakhvevi
zona (f) pedonal	საქვეითო ზონა	sakveito zona

PESSOAS. EVENTOS

Eventos

152. Férias. Evento

festa (f)	დღესასწაული	dghesasts'auli
festa (f) nacional	ნაციონალური დღესასწაული	natsionaluri dghesasts'auli
feriado (m)	სადღესასწაულო დღე	sadghesasts'aulo dghe
festejar (vt)	ზეიმობა	zeimoba
evento (festa, etc.)	მოვლენა	movlena
evento (banquete, etc.)	ღონისძიება	ghonisdzieba
banquete (m)	ბანკეტი	bank'et'i
receção (f)	მიღება	migheba
festim (m)	ლხინი	lkhini
aniversário (m)	წლისთავი	ts'listavi
jubileu (m)	ზეიმობა	zeimoba
celebrar (vt)	აღნიშვნა	aghnishvna
Ano (m) Novo	ახალი წელი	akhali ts'eli
Feliz Ano Novo!	გილოცავთ ახალ წელს	gilotsavt akhal ts'els
Natal (m)	შობა	shoba
Feliz Natal!	მხიარულ შობას გისურვებთ!	mkhiarul shobas gisurvebt!
árvore (f) de Natal	საშობაო ნაძვის ხე	sashobao nadzvis khe
fogo (m) de artifício	სალიუტი	saliut'i
boda (f)	ქორწილი	korts'ili
noivo (m)	საქმრო	sakmro
noiva (f)	პატარძალი	p'at'ardzali
convidar (vt)	მოწვევა	mots'veva
convite (m)	მოწვევა	mots'veva
convidado (m)	სტუმარი	st'umari
visitar (vt)	სტუმრად წასვლა	st'umrad ts'asvla
receber os hóspedes	სტუმრების დახვედრა	st'umrebis dakhvedra
presente (m)	საჩუქარი	sachukari
oferecer (vt)	ჩუქება	chukeba
receber presentes	საჩუქრების მიღება	sachukrebis migheba
ramo (m) de flores	თაიგული	taiguli
felicitações (f pl)	მილოცვა	milotsva
felicitar (dar os parabéns)	მილოცვა	milotsva
cartão (m) de parabéns	მისალოცი ბარათი	misalotsi barati

enviar um postal	ბარათის გაგზავნა	baratis gagzavna
receber um postal	ბარათის მიღება	baratis migheba
brinde (m)	სადღეგრძელო	sadghegrdzelo
oferecer (vt)	გამასპინძლება	gamasp'indzleba
champanhe (m)	შამპანური	shamp'anuri
divertir-se (vr)	მხიარულობა	mkhiaruloba
diversão (f)	მხიარულება	mkhiaruleba
alegria (f)	სიხარული	sikharuli
dança (f)	ცეკვა	tsek'va
dançar (vi)	ცეკვა	tsek'va
valsa (f)	ვალსი	valsi
tango (m)	ტანგო	t'ango

153. Funerais. Enterro

cemitério (m)	სასაფლაო	sasaplao
sepultura (f), túmulo (m)	სამარე	samare
cruz (f)	ჯვარი	jvari
lápide (f)	საფლავი	saplavi
cerca (f)	ზღუდე	zghude
capela (f)	სამლოცველო	samlotsvelo
morte (f)	სიკვდილი	sik'vdili
morrer (vi)	მოკვდომა	mok'vdoma
defunto (m)	მიცვალებული	mitsvalebuli
luto (m)	გლოვა	glova
enterrar, sepultar (vt)	დაკრძალვა	dak'rdzalva
agência (f) funerária	დამკრძალავი ბიურო	damk'rdzalavi biuro
funeral (m)	დასაფლავება	dasaplaveba
coroa (f) de flores	გვირგვინი	gvirgvini
caixão (m)	კუბო	k'ubo
carro (m) funerário	კატაფალკი	k'at'apalk'i
mortalha (f)	სუდარა	sudara
urna (f) funerária	სამარხი ურნა	samarkhi urna
crematório (m)	კრემატორიუმი	k'remat'oriumi
obituário (m), necrologia (f)	ნეკროლოგი	nek'rologi
chorar (vi)	ტირილი	t'irili
soluçar (vi)	ქვითინი	kvitini

154. Guerra. Soldados

polotão (m)	ოცეული	otseuli
companhia (f)	ასეული	aseuli
regimento (m)	პოლკი	p'olk'i

exército (m)	არმია	armia
divisão (f)	დივიზიონი	divizioni
destacamento (m)	რაზმი	razmi
hoste (f)	ჯარი	jari
soldado (m)	ჯარისკაცი	jarisk'atsi
oficial (m)	ოფიცერი	opitseri
soldado (m) raso	რიგითი	rigiti
sargento (m)	სერჟანტი	serzhant'i
tenente (m)	ლეიტენანტი	leit'enant'i
capitão (m)	კაპიტანი	k'ap'it'ani
major (m)	მაიორი	maiori
coronel (m)	პოლკოვნიკი	p'olk'ovnik'i
general (m)	გენერალი	generali
marujo (m)	მეზღვაური	mezghvauri
capitão (m)	კაპიტანი	k'ap'it'ani
contramestre (m)	ბოცმანი	botsmani
artilheiro (m)	არტილერისტი	art'ilerist'i
soldado (m) paraquedista	მედესანტე	medesant'e
piloto (m)	მფრინავი	mprinavi
navegador (m)	შტურმანი	sht'urmani
mecânico (m)	მექანიკოსი	mekanik'osi
sapador (m)	მესანგრე	mesangre
paraquedista (m)	პარაშუტისტი	p'arashut'ist'i
explorador (m)	მზვერავი	mzveravi
franco-atirador (m)	სნაიპერი	snaip'eri
patrulha (f)	პატრული	p'at'ruli
patrulhar (vt)	პატრულირება	p'at'rulireba
sentinela (f)	გუშაგი	gushagi
guerreiro (m)	მეომარი	meomari
patriota (m)	პატრიოტი	p'at'riot'i
herói (m)	გმირი	gmiri
heroína (f)	გმირი	gmiri
traidor (m)	მოღალატე	moghalat'e
desertor (m)	დეზერტირი	dezert'iri
desertar (vt)	დეზერტირობა	dezert'iroba
mercenário (m)	დაქირავებული	dakiravebuli
recruta (m)	ახალწვეული	akhalts'veuli
voluntário (m)	მოხალისე	mokhalise
morto (m)	მოკლული	mok'luli
ferido (m)	დაჭრილი	dach'rili
prisioneiro (m) de guerra	ტყვე	t'qve

155. Guerra. Ações militares. Parte 1

guerra (f)	ომი	omi
guerrear (vt)	ბრძოლა	brdzola
guerra (f) civil	სამოქალაქო ომი	samokalako omi
perfidamente	ვერაგულად	veragulad
declaração (f) de guerra	გამოცხადება	gamotskhadeba
declarar (vt) guerra	გამოცხადება	gamotskhadeba
agressão (f)	აგრესია	agresia
atacar (vt)	თავდასხმა	tavdaskhma
invadir (vt)	შეპყრობა	shep'qroba
invasor (m)	დამპყრობელი	damp'qrobeli
conquistador (m)	დამპყრობელი	damp'qrobeli
defesa (f)	თავდაცვა	tavdatsva
defender (vt)	დაცვა	datsva
defender-se (vr)	თავის დაცვა	tavis datsva
inimigo (m)	მტერი	mt'eri
adversário (m)	მოწინააღმდეგე	mots'inaaghmdege
inimigo	მტრის	mt'ris
estratégia (f)	სტრატეგია	st'rat'egia
tática (f)	ტაქტიკა	t'akt'ik'a
ordem (f)	ბრძანება	brdzaneba
comando (m)	ბრძანება	brdzaneba
ordenar (vt)	ბრძანება	brdzaneba
missão (f)	დავალება	davaleba
secreto	საიდუმლო	saidumlo
batalha (f), combate (m)	ბრძოლა	brdzola
ataque (m)	შეტევა	shet'eva
assalto (m)	იერიში	ierishi
assaltar (vt)	იერიშის მიტანა	ierishis mit'ana
assédio, sítio (m)	ალყა	alqa
ofensiva (f)	შეტევა იერიში	shet'eva ierishi
passar à ofensiva	შეტევაზე გადასვლა	shet'evaze gadasvla
retirada (f)	უკუქცევა	uk'uktseva
retirar-se (vr)	უკან დახევა	uk'an dakheva
cerco (m)	ალყა	alqa
cercar (vt)	გარშემორტყმა	garshemort'qma
bombardeio (m)	დაბომბვა	dabombva
lançar uma bomba	ბომბის ჩამოგდება	bombis chamogdeba
bombardear (vt)	ბომბვა	bombva
explosão (f)	აფეთქება	apetkeba
tiro (m)	გასროლა	gasrola
disparar um tiro	გასროლა	gasrola

tiroteio (m)	სროლა	srola
apontar para ...	დამიზნება	damizneba
apontar (vt)	დამიზნება	damizneba
acertar (vt)	მოარტყა	moart'qa
afundar (um navio)	ჩაძირვა	chadzirva
brecha (f)	ნახვრეტი	nakhvret'i
afundar-se (vr)	ფსკერისკენ წასვლა	psk'erisk'en ts'asvla
frente (m)	ფრონტი	pront'i
evacuação (f)	ევაკუაცია	evak'uatsia
evacuar (vt)	ევაკუირება	evak'uireba
arame (m) farpado	ეკლიანი მავთული	ek'liani mavtuli
obstáculo (m) anticarro	გადაღობვა	gadaghobva
torre (f) de vigia	კოშკურა	k'oshk'ura
hospital (m)	ჰოსპიტალი	hosp'it'ali
ferir (vt)	დაჭრა	dach'ra
ferida (f)	ჭრილობა	ch'riloba
ferido (m)	დაჭრილი	dach'rili
ficar ferido	ჭრილობის მიღება	ch'rilobis migheba
grave (ferida ~)	მძიმე	mdzime

156. Armas

arma (f)	იარაღი	iaraghi
arma (f) de fogo	ცეცხლსასროლი იარაღი	tsetskhlsasroli iaraghi
arma (f) branca	ცივი იარაღი	tsivi iaraghi
arma (f) química	ქიმიური იარაღი	kimiuri iaraghi
nuclear	ატომური	at'omuri
arma (f) nuclear	ატომური იარაღი	at'omuri iaraghi
bomba (f)	ბომბი	bombi
bomba (f) atómica	ატომური ბომბი	at'omuri bombi
pistola (f)	პისტოლეტი	p'ist'olet'i
caçadeira (f)	თოფი	topi
pistola-metralhadora (f)	ავტომატი	avt'omat'i
metralhadora (f)	ტყვიამფრქვევი	t'qviamprkvevi
boca (f)	ლულა	lula
cano (m)	ლულა	lula
calibre (m)	კალიბრი	k'alibri
gatilho (m)	ჩახმახი	chakhmakhi
mira (f)	სამიზნე	samizne
carregador (m)	სავაზნე კოლოფი	savazne k'olopi
coronha (f)	კონდახი	k'ondakhi
granada (f) de mão	ყუმბარა	qumbara
explosivo (m)	ასაფეთქებელი	asapetkebeli
bala (f)	ტყვია	t'qvia

cartucho (m)	ვაზნა	vazna
carga (f)	მუხტი	mukht'i
munições (f pl)	საბრძოლო მასალა	sabrdzolo masala
bombardeiro (m)	ბომბდამშენი	bombdamsheni
avião (m) de caça	გამანადგურებელი	gamanadgurebeli
helicóptero (m)	ვერტმფრენი	vert'mpreni
canhão (m) antiaéreo	საზენიტო იარაღი	sazenit'o iaraghi
tanque (m)	ტანკი	t'ank'i
canhão (de um tanque)	ქვემეხი	kvemekhi
artilharia (f)	არტილერია	art'ileria
fazer a pontaria	დამიზნება	damizneba
obus (m)	ჭურვი	ch'urvi
granada (f) de morteiro	ნაღმი	naghmi
morteiro (m)	ნაღმტყორცნი	naghmt'qortsni
estilhaço (m)	ნამტვრევი	namt'vrevi
submarino (m)	წყალქვეშა ნავი	ts'qalkvesha navi
torpedo (m)	წყალქვეშა ნაღმი	ts'qalkvesha naghmi
míssil (m)	რაკეტა	rak'et'a
carregar (uma arma)	დატენვა	dat'enva
atirar, disparar (vi)	სროლა	srola
apontar para ...	დამიზნება	damizneba
baioneta (f)	ხიშტი	khisht'i
espada (f)	დაშნა	dashna
sabre (m)	ხმალი	khmali
lança (f)	შუბი	shubi
arco (m)	მშვილდი	mshvildi
flecha (f)	ისარი	isari
mosquete (m)	მუშკეტი	mushk'et'i
besta (f)	არბალეტი	arbalet'i

157. Povos da antiguidade

primitivo	პირველყოფილი	p'irvelqopili
pré-histórico	წინაისტორიული	ts'inaist'oriuli
antigo	ძველი	dzveli
Idade (f) da Pedra	ქვის ხანა	kvis khana
Idade (f) do Bronze	ბრინჯაოს ხანა	brinjaos khana
período (m) glacial	გამყინვარების პერიოდი	gamqinvarebis p'eriodi
tribo (f)	ტომი	t'omi
canibal (m)	კაციჭამია	k'atsich'amia
caçador (m)	მონადირე	monadire
caçar (vi)	ნადირობა	nadiroba
mamute (m)	მამონტი	mamont'i
caverna (f)	გამოქვაბული	gamokvabuli
fogo (m)	ცეცხლი	tsetskhli

fogueira (f)	კოცონი	k'otsoni
pintura (f) rupestre	კლდეზე ნახატი	k'ldeze nakhat'i
ferramenta (f)	შრომის იარაღი	shromis iaraghi
lança (f)	შუბი	shubi
machado (m) de pedra	ქვის ნაჯახი	kvis najakhi
guerrear (vt)	ბრძოლა	brdzola
domesticar (vt)	მოშინაურება	moshinaureba
ídolo (m)	კერპი	k'erp'i
adorar, venerar (vt)	თაყვანისცემა	taqvanistsema
superstição (f)	ცრურწმენა	tsrurts'mena
evolução (f)	ევოლუცია	evolutsia
desenvolvimento (m)	განვითარება	ganvitareba
desaparecimento (m)	გაუჩინარება	gauchinareba
adaptar-se (vr)	შეგუება	shegueba
arqueologia (f)	არქეოლოგია	arkeologia
arqueólogo (m)	არქეოლოგი	arkeologi
arqueológico	არქეოლოგიური	arkeologiuri
local (m) das escavações	გათხრები	gatkhrebi
escavações (f pl)	გათხრები	gatkhrebi
achado (m)	აღმოჩენა	aghmochena
fragmento (m)	ფრაგმენტი	pragment'i

158. Idade média

povo (m)	ხალხი	khalkhi
povos (m pl)	ხალხები	khalkhebi
tribo (f)	ტომი	t'omi
tribos (f pl)	ტომები	t'omebi
bárbaros (m pl)	ბარბაროსები	barbarosebi
gauleses (m pl)	გალები	galebi
godos (m pl)	გოთები	gotebi
eslavos (m pl)	სლავები	slavebi
víquingues (m pl)	ვიკინგები	vik'ingebi
romanos (m pl)	რომაელები	romaelebi
romano	რომაული	romauli
bizantinos (m pl)	ბიზანტიელები	bizant'ielebi
Bizâncio	ბიზანტია	bizant'ia
bizantino	ბიზანტიული	bizant'iuli
imperador (m)	იმპერატორი	imp'erat'ori
líder (m)	ბელადი	beladi
poderoso	ძლევამოსილი	dzlevamosili
rei (m)	მეფე	mepe
governante (m)	მართველი	martveli
cavaleiro (m)	რაინდი	raindi
senhor feudal (m)	ფეოდალი	peodali

feudal	ფეოდალური	peodaluri
vassalo (m)	ვასალი	vasali
duque (m)	ჰერცოგი	hertsogi
conde (m)	გრაფი	grapi
barão (m)	ბარონი	baroni
bispo (m)	ეპისკოპოსი	ep'isk'op'osi
armadura (f)	ჯავშანი	javshani
escudo (m)	ფარი	pari
espada (f)	მახვილი	makhvili
viseira (f)	ჩაფხუტი	chapkhut'i
cota (f) de malha	ჯაჭვის პერანგი	jach'vis p'erangi
cruzada (f)	ჯვაროსნული ლაშქრობა	jvarosnuli lashkroba
cruzado (m)	ჯვაროსანი	jvarosani
território (m)	ტერიტორია	t'erit'oria
atacar (vt)	თავდასხმა	tavdaskhma
conquistar (vt)	დაპყრობა	dap'qroba
ocupar, invadir (vt)	მიტაცება	mit'atseba
assédio, sítio (m)	ალყა	alqa
sitiado	ალყაშემორტყმული	alqashemort'qmuli
assediar, sitiar (vt)	ალყის შემორტყმა	alqis shemort'qma
inquisição (f)	ინკვიზიცია	ink'vizitsia
inquisidor (m)	ინკვიზიტორი	ink'vizit'ori
tortura (f)	წამება	ts'ameba
cruel	სასტიკი	sast'ik'i
herege (m)	ერეტიკოსი	eret'ik'osi
heresia (f)	მწვალებლობა	mts'valebloba
navegação (f) marítima	ზღვაოსნობა	zghvaosnoba
pirata (m)	მეკობრე	mek'obre
pirataria (f)	მეკობრეობა	mek'obreoba
abordagem (f)	აბორდაჟი	abordazhi
presa (f), butim (m)	საშოვარი	sashovari
tesouros (m pl)	განძი	gandzi
descobrimento (m)	აღმოჩენა	aghmochena
descobrir (novas terras)	გაღება	gagheba
expedição (f)	ექსპედიცია	eksp'editsia
mosqueteiro (m)	მუშკეტერი	mushk'et'eri
cardeal (m)	კარდინალი	k'ardinali
heráldica (f)	ჰერალდიკა	heraldik'a
heráldico	ჰერალდიკური	heraldik'uri

159. Líder. Chefe. Autoridades

rei (m)	მეფე	mepe
rainha (f)	დედოფალი	dedopali
real	მეფური	mepuri

reino (m)	სამეფო	samepo
príncipe (m)	პრინცი	p'rintsi
princesa (f)	პრინცესა	p'rintsesa
presidente (m)	პრეზიდენტი	p'rezident'i
vice-presidente (m)	ვიცე-პრეზიდენტი	vitse-p'rezident'i
senador (m)	სენატორი	senat'ori
monarca (m)	მონარქი	monarki
governante (m)	მართველი	martveli
ditador (m)	დიქტატორი	dikt'at'ori
tirano (m)	ტირანი	t'irani
magnata (m)	მაგნატი	magnat'i
diretor (m)	დირექტორი	direkt'ori
chefe (m)	შეფი	shepi
dirigente (m)	მმართველი	mmartveli
patrão (m)	ბოსი	bosi
dono (m)	მეპატრონე	mep'at'rone
chefe (~ de delegação)	მეთაური	metauri
autoridades (f pl)	ხელისუფლება	khelisupleba
superiores (m pl)	უფროსობა	uprosoba
governador (m)	გუბერნატორი	gubernat'ori
cônsul (m)	კონსული	k'onsuli
diplomata (m)	დიპლომატი	dip'lomat'i
Presidente (m) da Câmara	მერი	meri
xerife (m)	შერიფი	sheripi
imperador (m)	იმპერატორი	imp'erat'ori
czar (m)	მეფე	mepe
faraó (m)	ფარაონი	paraoni
cã (m)	ხანი	khani

160. Viloação da lei. Criminosos. Parte 1

bandido (m)	ბანდიტი	bandit'i
crime (m)	დანაშაული	danashauli
criminoso (m)	დამნაშავე	damnashave
ladrão (m)	ქურდი	kurdi
roubar (vt)	იქურდო	ikurdo
furto (m)	ქურდობა	kurdoba
furto (m)	მოპარვა	mop'arva
raptar (ex. ~ uma criança)	მოიტაცო	moit'atso
rapto (m)	გატაცება	gat'atseba
raptor (m)	გამტაცებელი	gamt'atsebeli
resgate (m)	გამოსასყიდი	gamosasqidi
pedir resgate	გამოსასყიდის მოთხოვნა	gamosasqidis motkhovna
roubar (vt)	ძარცვა	dzartsva
assaltante (m)	მძარცველი	mdzartsveli

extorquir (vt)	გამოძალვა	gamodzalva
extorsionário (m)	გამომძალველი	gamomdzalveli
extorsão (f)	გამომძალველობა	gamomdzalveloba
matar, assassinar (vt)	მოკვლა	mok'vla
homicídio (m)	მკვლელობა	mk'vleloba
homicida, assassino (m)	მკვლელი	mk'vleli
tiro (m)	სროლა	srola
dar um tiro	გასროლა	gasrola
matar a tiro	დახვრეტა	dakhvret'a
atirar, disparar (vi)	სროლა	srola
tiroteio (m)	სროლა	srola
incidente (m)	შემთხვევა	shemtkhveva
briga (~ de rua)	ჩხუბი	chkhubi
vítima (f)	მსხვერპლი	mskhverp'li
danificar (vt)	დაზიანება	dazianeba
dano (m)	ზარალი	zarali
cadáver (m)	გვამი	gvami
grave	მძიმე	mdzime
atacar (vt)	თავდასხმა	tavdaskhma
bater (espancar)	დარტყმა	dart'qma
espancar (vt)	ცემა	tsema
tirar, roubar (dinheiro)	წართმევა	ts'artmeva
esfaquear (vt)	დაკვლა	dak'vla
mutilar (vt)	დამახინჯება	damakhinjeba
ferir (vt)	დაჭრა	dach'ra
chantagem (f)	შანტაჟი	shant'azhi
chantagear (vt)	დაშანტაჟება	dashant'azheba
chantagista (m)	შანტაჟისტი	shant'azhist'i
extorsão (em troca de proteção)	რეკეტი	rek'et'i
extorsionário (m)	რეკეტირი	rek'et'iri
gângster (m)	განქსტერი	gankst'eri
máfia (f)	მაფია	mapia
carteirista (m)	ჯიბის ქურდი	jibis kurdi
assaltante, ladrão (m)	გამტეხელი	gamt'ekheli
contrabando (m)	კონტრაბანდა	k'ont'rabanda
contrabandista (m)	კონტრაბანდისტი	k'ont'rabandist'i
falsificação (f)	ყალბი	qalbi
falsificar (vt)	გაყალბება	gaqalbeba
falsificado	ყალბი	qalbi

161. Viloação da lei. Criminosos. Parte 2

violação (f)	გაუპატიურება	gaup'at'iureba
violar (vt)	გაუპატიურება	gaup'at'iureba

violador (m)	მოძალადე	modzalade
maníaco (m)	მანიაკი	maniak'i
prostituta (f)	მეძავი	medzavi
prostituição (f)	პროსტიტუცია	p'rost'it'utsia
chulo (m)	სუტენიორი	sut'eniori
toxicodependente (m)	ნარკომანი	nark'omani
traficante (m)	ნარკოტიკებით მოვაჭრე	nark'ot'ik'ebit movach're
explodir (vt)	აფეთქება	apetkeba
explosão (f)	აფეთქება	apetkeba
incendiar (vt)	ცეცხლის წაკიდება	tsetskhlis ts'ak'ideba
incendiário (m)	ცეცხლის წამკიდებელი	tsetskhlis ts'amk'idebeli
terrorismo (m)	ტერორიზმი	t'erorizmi
terrorista (m)	ტერორისტი	t'erorist'i
refém (m)	მძევალი	mdzevali
enganar (vt)	მოტყუება	mot'queba
engano (m)	ტყუილი	t'quili
vigarista (m)	თაღლითი	taghliti
subornar (vt)	გადაბირება	gadabireba
suborno (atividade)	მოსყიდვა	mosqidva
suborno (dinheiro)	ქრთამი	krtami
veneno (m)	შხამი	shkhami
envenenar (vt)	მოწამვლა	mots'amvla
envenenar-se (vr)	თავის მოწამვლა	tavis mots'amvla
suicídio (m)	თვითმკვლელობა	tvitmk'leloba
suicida (m)	თვითმკვლელი	tvitmk'vleli
ameaçar (vt)	დამუქრება	damukreba
ameaça (f)	მუქარა	mukara
atentar contra a vida de …	ხელყოფა	khelqopa
atentado (m)	ხელყოფა	khelqopa
roubar (o carro)	გატაცება	gat'atseba
desviar (o avião)	გატაცება	gat'atseba
vingança (f)	შურისძიება	shurisdzieba
vingar (vt)	შურისძიება	shurisdzieba
torturar (vt)	წამება	ts'ameba
tortura (f)	წამება	ts'ameba
atormentar (vt)	წვალება	ts'valeba
pirata (m)	მეკობრე	mek'obre
desordeiro (m)	ხულიგანი	khuligani
armado	შეიარაღებული	sheiaraghebuli
violência (f)	ძალადობა	dzaladoba
espionagem (f)	შპიონაჟი	shp'ionazhi
espionar (vi)	ჯაშუშობა	jashushoba

162. Polícia. Lei. Parte 1

justiça (f)	სასამართლო	sasamartlo
tribunal (m)	სასამართლო	sasamartlo
juiz (m)	მოსამართლე	mosamartle
jurados (m pl)	ნაფიცი მსაჯული	napitsi msajuli
tribunal (m) do júri	ნაფიც მსაჯულთა სასამართლო	napits msajulta sasamartlo
julgar (vt)	გასამართლება	gasamartleba
advogado (m)	ადვოკატი	advok'at'i
réu (m)	ბრალდებული	braldebuli
banco (m) dos réus	ბრალდებულთა სკამი	braldebulta sk'ami
acusação (f)	ბრალდება	braldeba
acusado (m)	ბრალდებული	braldebuli
sentença (f)	განაჩენი	ganacheni
sentenciar (vt)	განაჩენის გამოტანა	ganachenis gamot'ana
culpado (m)	დამნაშავე	damnashave
punir (vt)	დასჯა	dasja
punição (f)	სასჯელი	sasjeli
multa (f)	ჯარიმა	jarima
prisão (f) perpétua	სამუდამო პატიმრობა	samudamo p'at'imroba
pena (f) de morte	სიკვდილით დასჯა	sik'vdilit dasja
cadeira (f) elétrica	ელექტრო სკამი	elekt'ro sk'ami
forca (f)	სახრჩობელა	sakhrchobela
executar (vt)	დასჯა	dasja
execução (f)	სასჯელი	sasjeli
prisão (f)	ციხე	tsikhe
cela (f) de prisão	საკანი	sak'ani
escolta (f)	ბადრაგი	badragi
guarda (m) prisional	ზედამხედველი	zedamkhedveli
preso (m)	პატიმარი	p'at'imari
algemas (f pl)	ხელბორკილები	khelbork'ilebi
algemar (vt)	ხელბორკილის დადება	khelbork'ilis dadeba
fuga, evasão (f)	გაქცევა	gaktseva
fugir (vi)	გაქცევა	gaktseva
desaparecer (vi)	გაუჩინარება	gauchinareba
soltar, libertar (vt)	განთავისუფლება	gantavisupleba
amnistia (f)	ამინისტია	aminist'ia
polícia (instituição)	პოლიცია	p'olitsia
polícia (m)	პოლიციელი	p'olitsieli
esquadra (f) de polícia	პოლიციის უბანი	p'olitsiis ubani
cassetete (m)	რეზინის ხელკეტი	rezinis khelk'et'i
megafone (m)	ხმადიდი	khmadidi

carro (m) de patrulha	საპატრულო მანქანა	sap'at'rulo mankana
sirene (f)	სირენა	sirena
ligar a sirene	საყვირის ჩართვა	saqviris chartva
toque (m) da sirene	საყვირის ხმა	saqviris khma
cena (f) do crime	შემთხვევის ადგილი	shemtkhvevis adgili
testemunha (f)	მოწმე	mots'me
liberdade (f)	თავისუფლება	tavisupleba
cúmplice (m)	თანამზრახველი	tanamzrakhveli
escapar (vi)	მიმალვა	mimalva
traço (não deixar ~s)	კვალი	k'vali

163. Polícia. Lei. Parte 2

procura (f)	ძებნა	dzebna
procurar (vt)	ძებნა	dzebna
suspeita (f)	ეჭვი	ech'vi
suspeito	საეჭვო	saech'vo
parar (vt)	გაჩერება	gachereba
deter (vt)	დაკავება	dak'aveba
caso (criminal)	საქმე	sakme
investigação (f)	ძიება	dzieba
detetive (m)	დეტექტივი	det'ekt'ivi
investigador (m)	გამომძიებელი	gamomdziebeli
versão (f)	ვერსია	versia
motivo (m)	მოტივი	mot'ivi
interrogatório (m)	დაკითხვა	dak'itkhva
interrogar (vt)	დაკითხვა	dak'itkhva
questionar (vt)	გამოკითხვა	gamok'itkhva
verificação (f)	შემოწმება	shemots'meba
batida (f) policial	ალყა	alqa
busca (f)	ჩხრეკა	chkhrek'a
perseguição (f)	დადევნება	dadevneba
perseguir (vt)	დევნა	devna
seguir (vt)	თვალთვალი	tvaltvali
prisão (f)	პატიმრობა	p'at'imroba
prender (vt)	დაპატიმრება	dap'at'imreba
pegar, capturar (vt)	დაკავება	dak'aveba
captura (f)	დაჭერა	dach'era
documento (m)	დოკუმენტი	dok'ument'i
prova (f)	მტკიცებულება	mt'k'itsebuleba
provar (vt)	დამტკიცება	damt'k'itseba
pegada (f)	ნაფეხური	napekhuri
impressões (f pl) digitais	თითის ანაბეჭდი	titis anabech'di
prova (f)	სამხილი	samkhili
álibi (m)	ალიბი	alibi
inocente	უდანაშაულო	udanashaulo
injustiça (f)	უსამართლობა	usamartloba

injusto	უსამართლობა	usamartloba
criminal	კრიმინალური	k'riminaluri
confiscar (vt)	კონფისკაცია	k'onpisk'atsia
droga (f)	ნარკოტიკი	nark'ot'ik'i
arma (f)	იარაღი	iaraghi
desarmar (vt)	განიარაღება	ganiaragheba
ordenar (vt)	ბრძანება	brdzaneba
desaparecer (vi)	გაუჩინარება	gauchinareba
lei (f)	კანონი	k'anoni
legal	კანონიერი	k'anonieri
ilegal	უკანონო	uk'anono
responsabilidade (f)	პასუხისმგებლობა	p'asukhismgebloba
responsável	პასუხისმგებელი	p'asukhismgebeli

NATUREZA

A Terra. Parte 1

164. Espaço sideral

cosmos (m)	კოსმოსი	k'osmosi
cósmico	კოსმოსური	k'osmosuri
espaço (m) cósmico	კოსმოსური სივრცე	k'osmosuri sivrtse
mundo (m)	მსოფლიო	msoplio
universo (m)	სამყარო	samqaro
galáxia (f)	გალაქტიკა	galakt'ik'a
estrela (f)	ვარსკვლავი	varsk'vlavi
constelação (f)	თანავარსკვლავედი	tanavarsk'vlavedi
planeta (m)	პლანეტა	p'lanet'a
satélite (m)	თანამგზავრი	tanamgzavri
meteorito (m)	მეტეორიტი	met'eorit'i
cometa (m)	კომეტა	k'omet'a
asteroide (m)	ასტეროიდი	ast'eroidi
órbita (f)	ორბიტა	orbit'a
girar (vi)	ბრუნვა	brunva
atmosfera (f)	ატმოსფერო	at'mospero
Sol (m)	მზე	mze
Sistema (m) Solar	მზის სისტემა	mzis sist'ema
eclipse (m) solar	მზის დაბნელება	mzis dabneleba
Terra (f)	დედამიწა	dedamits'a
Lua (f)	მთვარე	mtvare
Marte (m)	მარსი	marsi
Vénus (f)	ვენერა	venera
Júpiter (m)	იუპიტერი	iup'it'eri
Saturno (m)	სატურნი	sat'urni
Mercúrio (m)	მერკური	merk'uri
Urano (m)	ურანი	urani
Neptuno (m)	ნეპტუნი	nep't'uni
Plutão (m)	პლუტონი	p'lut'oni
Via Láctea (f)	ირმის ნახტომი	irmis nakht'omi
Ursa Maior (f)	დიდი დათვი	didi datvi
Estrela Polar (f)	პოლარული ვარსკვლავი	p'olaruli varsk'vlavi
marciano (m)	მარსიელი	marsieli
extraterrestre (m)	უცხოპლანეტელი	utskhop'lanet'eli

alienígena (m)	სხვა სამყაროდან ჩამოსული	skhva samqarodan chamosuli
disco (m) voador	მფრინავი თეფში	mprinavi tepshi
nave (f) espacial	კოსმოსური ხომალდი	k'osmosuri khomaldi
estação (f) orbital	ორბიტალური სადგური	orbit'aluri sadguri
lançamento (m)	სტარტი	st'art'i
motor (m)	ძრავა	dzrava
bocal (m)	საქშენი	saksheni
combustível (m)	საწვავი	sats'vavi
cabine (f)	კაბინა	k'abina
antena (f)	ანტენა	ant'ena
vigia (f)	ილუმინატორი	iluminat'ori
bateria (f) solar	მზის ბატარეა	mzis bat'area
traje (m) espacial	სკაფანდრი	sk'apandri
imponderabilidade (f)	უწონადობა	uts'onadoba
oxigénio (m)	ჟანგბადი	zhangbadi
acoplagem (f)	შეერთება	sheerteba
fazer uma acoplagem	შეერთების წარმოება	sheertebis ts'armoeba
observatório (m)	ობსერვატორია	observat'oria
telescópio (m)	ტელესკოპი	t'elesk'op'i
observar (vt)	დაკვირვება	dak'virveba
explorar (vt)	გამოკვლევა	gamok'vleva

165. A Terra

Terra (f)	დედამიწა	dedamits'a
globo terrestre (Terra)	დედამიწის სფერო	dedamits'is spero
planeta (m)	პლანეტა	p'lanet'a
atmosfera (f)	ატმოსფერო	at'mospero
geografia (f)	გეოგრაფია	geograpia
natureza (f)	ბუნება	buneba
globo (mapa esférico)	გლობუსი	globusi
mapa (m)	რუკა	ruka
atlas (m)	ატლასი	at'lasi
Europa (f)	ევროპა	evrop'a
Ásia (f)	აზია	azia
África (f)	აფრიკა	aprik'a
Austrália (f)	ავსტრალია	avst'ralia
América (f)	ამერიკა	amerik'a
América (f) do Norte	ჩრდილოეთ ამერიკა	chrdiloet amerik'a
América (f) do Sul	სამხრეთ ამერიკა	samkhret amerik'a
Antártida (f)	ანტარქტიდა	ant'arkt'ida
Ártico (m)	არქტიკა	arkt'ik'a

166. Pontos cardeais

norte (m)	ჩრდილოეთი	chrdiloeti
para norte	ჩრდილოეთისკენ	chrdiloetisk'en
no norte	ჩრდილოეთში	chrdiloetshi
do norte	ჩრდილოეთის	chrdiloetis
sul (m)	სამხრეთი	samkhreti
para sul	სამხრეთისკენ	samkhretisk'en
no sul	სამხრეთში	samkhretshi
do sul	სამხრეთის	samkhretis
oeste, ocidente (m)	დასავლეთი	dasavleti
para oeste	დასავლეთისკენ	dasavletisk'en
no oeste	დასავლეთში	dasavletshi
ocidental	დასავლეთის	dasavletis
leste, oriente (m)	აღმოსავლეთი	aghmosavleti
para leste	აღმოსავლეთისკენ	aghmosavletisk'en
no leste	აღმოსავლეთში	aghmosavletshi
oriental	აღმოსავლეთის	aghmosavletis

167. Mar. Oceano

mar (m)	ზღვა	zghva
oceano (m)	ოკეანე	ok'eane
golfo (m)	ყურე	qure
estreito (m)	სრუტე	srut'e
continente (m)	მატერიკი	mat'erik'i
ilha (f)	კუნძული	k'undzuli
península (f)	ნახევარკუნძული	nakhevark'undzuli
arquipélago (m)	არქიპელაგი	arkip'elagi
baía (f)	ყურე	qure
porto (m)	ნავსადგური	navsadguri
lagoa (f)	ლაგუნა	laguna
cabo (m)	კონცხი	k'ontskhi
atol (m)	ატოლი	at'oli
recife (m)	რიფი	ripi
coral (m)	მარჯანი	marjani
recife (m) de coral	მარჯნის რიფი	marjnis ripi
profundo	ღრმა	ghrma
profundidade (f)	სიღრმე	sighrme
abismo (m)	უფსკრული	upsk'ruli
fossa (f) oceânica	ღრმული	ghrmuli
corrente (f)	დინება	dineba
banhar (vt)	გაბანა	gabana
litoral (m)	ნაპირი	nap'iri
costa (f)	სანაპირო	sanap'iro

maré (f) alta	მოქცევა	moktseva
refluxo (m), maré (f) baixa	მიქცევა	miktseva
restinga (f)	მეჩეჩი	mechechi
fundo (m)	ფსკერი	psk'eri
onda (f)	ტალღა	t'algha
crista (f) da onda	ტალღის ქოჩორი	t'alghis kochori
espuma (f)	ქაფი	kapi
tempestade (f)	ქარიშხალი	karishkhali
furacão (m)	გრიგალი	grigali
tsunami (m)	ცუნამი	tsunami
calmaria (f)	მყუდროება	mqudroeba
calmo	წყნარი	ts'qnari
polo (m)	პოლუსი	p'olusi
polar	პოლარული	p'olaruli
latitude (f)	განედი	ganedi
longitude (f)	გრძედი	grdzedi
paralela (f)	პარალელი	p'araleli
equador (m)	ეკვატორი	ek'vat'ori
céu (m)	ცა	tsa
horizonte (m)	ჰორიზონტი	horizont'i
ar (m)	ჰაერი	haeri
farol (m)	შუქურა	shukura
mergulhar (vi)	ყვინთვა	qvintva
afundar-se (vr)	ჩაძირვა	chadzirva
tesouros (m pl)	განძი	gandzi

168. Montanhas

montanha (f)	მთა	mta
cordilheira (f)	მთების ჯაჭვი	mtebis jach'vi
serra (f)	მთის ქედი	mtis kedi
cume (m)	მწვერვალი	mts'vervali
pico (m)	პიკი	p'ik'i
sopé (m)	მთის ძირი	mtis dziri
declive (m)	ფერდობი	perdobi
vulcão (m)	ვულკანი	vulk'ani
vulcão (m) ativo	მოქმედი ვულკანი	mokmedi vulk'ani
vulcão (m) extinto	ჩამქრალი ვულკანი	chamkrali vulk'ani
erupção (f)	ამოფრქვევა	amoprkveva
cratera (f)	კრატერი	k'rat'eri
magma (m)	მაგმა	magma
lava (f)	ლავა	lava
fundido (lava ~a)	გავარვარებული	gavarvarebuli
desfiladeiro (m)	კანიონი	k'anioni
garganta (f)	ხეობა	kheoba

fenda (f)	ნაპრალი	nap'rali
passo, colo (m)	უღელტეხილი	ughelt'ekhili
planalto (m)	პლატო	p'lat'o
falésia (f)	კლდე	k'lde
colina (f)	ბორცვი	bortsvi
glaciar (m)	მყინვარი	mqinvari
queda (f) d'água	ჩანჩქერი	chanchkeri
géiser (m)	გეიზერი	geizeri
lago (m)	ტბა	t'ba
planície (f)	ვაკე	vak'e
paisagem (f)	პეიზაჟი	p'eizazhi
eco (m)	ექო	eko
alpinista (m)	ალპინისტი	alp'inist'i
escalador (m)	მთასვლელი	mtasvleli
conquistar (vt)	დაპყრობა	dap'qroba
subida, escalada (f)	ასვლა	asvla

169. Rios

rio (m)	მდინარე	mdinare
fonte, nascente (f)	წყარო	ts'qaro
leito (m) do rio	კალაპოტი	k'alap'ot'i
bacia (f)	აუზი	auzi
desaguar no ...	ჩადინება	chadineba
afluente (m)	შენაკადი	shenak'adi
margem (do rio)	ნაპირი	nap'iri
corrente (f)	დინება	dineba
rio abaixo	დინების ქვემოთ	dinebis kvemot
rio acima	დინების ზემოთ	dinebis zemot
inundação (f)	წყალდიდობა	ts'qaldidoba
cheia (f)	წყალდიდობა	ts'qaldidoba
transbordar (vi)	გადმოსვლა	gadmosvla
inundar (vt)	დატბორვა	dat'borva
banco (m) de areia	თავთხელი	tavtkheli
rápidos (m pl)	ზღურბლი	zghurbli
barragem (f)	კაშხალი	k'ashkhali
canal (m)	არხი	arkhi
reservatório (m) de água	წყალსაცავი	ts'qalsatsavi
eclusa (f)	რაბი	rabi
corpo (m) de água	წყალსატევი	ts'qalsat'evi
pântano (m)	ჭაობი	ch'aobi
tremedal (m)	ჭანჭრობი	ch'anch'robi
remoinho (m)	მორევი	morevi
arroio, regato (m)	ნაკადული	nak'aduli
potável	სასმელი	sasmeli

doce (água)	მტკნარი	mt'k'nari
gelo (m)	ყინული	qinuli
congelar-se (vr)	გაყინვა	gaqinva

170. Floresta

floresta (f), bosque (m)	ტყე	t'qe
florestal	ტყის	t'qis
mata (f) cerrada	ტევრი	t'evri
arvoredo (m)	ჭალა	ch'ala
clareira (f)	მინდორი	mindori
matagal (m)	ბარდები	bardebi
mato (m)	ბუჩქნარი	buchknari
vereda (f)	ბილიკი	bilik'i
ravina (f)	ხევი	khevi
árvore (f)	ხე	khe
folha (f)	ფოთოლი	potoli
folhagem (f)	ფოთლეული	potleuli
queda (f) das folhas	ფოთოლცვენა	potoltsvena
cair (vi)	ცვენა	tsvena
topo (m)	კენწერო	k'ents'ero
ramo (m)	ტოტი	t'ot'i
galho (m)	ნუჟრი	nuzhri
botão, rebento (m)	კვირტი	k'virt'i
agulha (f)	წიწვი	ts'its'vi
pinha (f)	გირჩი	girchi
buraco (m) de árvore	ფუღურო	pughuro
ninho (m)	ბუდე	bude
toca (f)	სორო	soro
tronco (m)	ტანი	t'ani
raiz (f)	ფესვი	pesvi
casca (f) de árvore	ქერქი	kerki
musgo (m)	ხავსი	khavsi
arrancar pela raiz	ამოძირკვა	amodzirk'va
cortar (vt)	მოჭრა	moch'ra
desflorestar (vt)	გაჩეხვა	gachekhva
toco, cepo (m)	კუნძი	k'undzi
fogueira (f)	კოცონი	k'otsoni
incêndio (m) florestal	ხანძარი	khandzari
apagar (vt)	ჩაქრობა	chakroba
guarda-florestal (m)	მეტყევე	met'qeve
proteção (f)	დაცვა	datsva
proteger (a natureza)	დაცვა	datsva

caçador (m) furtivo	ბრაკონიერი	brak'onieri
armadilha (f)	ხაფანგი	khapangi
colher (cogumelos, bagas)	კრეფა	k'repa
perder-se (vr)	გზის დაბნევა	gzis dabneva

171. Recursos naturais

recursos (m pl) naturais	ბუნებრივი რესურსები	bunebrivi resursebi
minerais (m pl)	სასარგებლო წიაღისეული	sasargeblo ts'iaghiseuli
depósitos (m pl)	საბადო	sabado
jazida (f)	საბადო	sabado
extrair (vt)	მოპოვება	mop'oveba
extração (f)	მოპოვება	mop'oveba
minério (m)	მადანი	madani
mina (f)	მადნეული	madneuli
poço (m) de mina	შახტი	shakht'i
mineiro (m)	მეშახტე	meshakht'e
gás (m)	გაზი	gazi
gasoduto (m)	გაზსადენი	gazsadeni
petróleo (m)	ნავთობი	navtobi
oleoduto (m)	ნავთობსადენი	navtobsadeni
poço (m) de petróleo	ნავთობის კოშკურა	navtobis k'oshk'ura
torre (f) petrolífera	საბურღი კოშკურა	saburghi k'oshk'ura
petroleiro (m)	ტანკერი	t'ank'eri
areia (f)	ქვიშა	kvisha
calcário (m)	კირქვა	k'irkva
cascalho (m)	ხრეში	khreshi
turfa (f)	ტორფი	t'orpi
argila (f)	თიხა	tikha
carvão (m)	ქვანახშირი	kvanakhshiri
ferro (m)	რკინა	rk'ina
ouro (m)	ოქრო	okro
prata (f)	ვერცხლი	vertskhli
níquel (m)	ნიკელი	nik'eli
cobre (m)	სპილენძი	sp'ilendzi
zinco (m)	თუთია	tutia
manganês (m)	მარგანეცი	marganetsi
mercúrio (m)	ვერცხლისწყალი	vertskhlists'qali
chumbo (m)	ტყვია	t'qvia
mineral (m)	მინერალი	minerali
cristal (m)	კრისტალი	k'rist'ali
mármore (m)	მარმარილო	marmarilo
urânio (m)	ურანი	urani

A Terra. Parte 2

172. Tempo

tempo (m)	ამინდი	amindi
previsão (f) do tempo	ამინდის პროგნოზი	amindis p'rognozi
temperatura (f)	ტემპერატურა	t'emp'erat'ura
termómetro (m)	თერმომეტრი	termomet'ri
barómetro (m)	ბარომეტრი	baromet'ri
humidade (f)	ტენიანობა	t'enianoba
calor (m)	სიცხე	sitskhe
cálido	ცხელი	tskheli
está muito calor	ცხელი	tskheli
está calor	თბილა	tbila
quente	თბილი	tbili
está frio	სიცივე	sitsive
frio	ცივი	tsivi
sol (m)	მზე	mze
brilhar (vi)	ანათებს	anatebs
de sol, ensolarado	მზიანი	mziani
nascer (vi)	ამოსვლა	amosvla
pôr-se (vr)	ჩასვლა	chasvla
nuvem (f)	ღრუბელი	ghrubeli
nublado	ღრუბლიანი	ghrubliani
nuvem (f) preta	ღრუბელი	ghrubeli
escuro, cinzento	მოღრუბლული	moghrubluli
chuva (f)	წვიმა	ts'vima
está a chover	წვიმა მოდის	ts'vima modis
chuvoso	წვიმიანი	ts'vimiani
chuviscar (vi)	ჟინჟღვლა	zhinzhghvla
chuva (f) torrencial	კოკისპირული	k'ok'isp'iruli
chuvada (f)	თავსხმა	tavskhma
forte (chuva)	ძლიერი	dzlieri
poça (f)	გუბე	gube
molhar-se (vr)	დასველება	dasveleba
nevoeiro (m)	ნისლი	nisli
de nevoeiro	ნისლიანი	nisliani
neve (f)	თოვლი	tovli
está a nevar	თოვლი მოდის	tovli modis

173. Tempo extremo. Catástrofes naturais

trovoada (f)	ჭექა	ch'eka
relâmpago (m)	მეხი	mekhi
relampejar (vi)	ელვარება	elvareba
trovão (m)	ქუხილი	kukhili
trovejar (vi)	ქუხილი	kukhili
está a trovejar	ქუხს	kukhs
granizo (m)	სეტყვა	set'qva
está a cair granizo	სეტყვა მოდის	set'qva modis
inundar (vt)	წალეკვა	ts'alek'va
inundação (f)	წყალდიდობა	ts'qaldidoba
terremoto (m)	მიწისძვრა	mits'isdzvra
abalo, tremor (m)	ბიძგი	bidzgi
epicentro (m)	ეპიცენტრი	ep'itsent'ri
erupção (f)	ამოფრქვევა	amoprkveva
lava (f)	ლავა	lava
turbilhão (m)	გრიგალი	grigali
tornado (m)	ტორნადო	t'ornado
tufão (m)	ტაიფუნი	t'aipuni
furacão (m)	გრიგალი	grigali
tempestade (f)	ქარიშხალი	karishkhali
tsunami (m)	ცუნამი	tsunami
ciclone (m)	ციკლონი	tsik'loni
mau tempo (m)	უამინდობა	uamindoba
incêndio (m)	ხანძარი	khandzari
catástrofe (f)	კატასტროფა	k'at'ast'ropa
meteorito (m)	მეტეორიტი	met'eorit'i
avalanche (f)	ზვავი	zvavi
deslizamento (m) de neve	ჩამოქცევა	chamoktseva
nevasca (f)	ქარბუქი	karbuki
tempestade (f) de neve	ბუქი	buki

Fauna

174. Mamíferos. Predadores

predador (m)	მტაცებელი	mt'atsebeli
tigre (m)	ვეფხვი	vepkhvi
leão (m)	ლომი	lomi
lobo (m)	მგელი	mgeli
raposa (f)	მელა	mela
jaguar (m)	იაგუარი	iaguari
leopardo (m)	ლეოპარდი	leop'ardi
chita (f)	გეპარდი	gep'ardi
pantera (f)	ავაზა	avaza
puma (m)	პუმა	p'uma
leopardo-das-neves (m)	თოვლის ჯიქი	tovlis jiki
lince (m)	ფოცხვერი	potskhveri
coiote (m)	კოიოტი	k'oiot'i
chacal (m)	ტურა	t'ura
hiena (f)	გიენა	giena

175. Animais selvagens

animal (m)	ცხოველი	tskhoveli
besta (f)	მხეცი	mkhetsi
esquilo (m)	ციყვი	tsiqvi
ouriço (m)	ზღარბი	zgharbi
lebre (f)	კურდღელი	k'urdgheli
coelho (m)	ბოცვერი	botsveri
texugo (m)	მაჩვი	machvi
guaxinim (m)	ენოტი	enot'i
hamster (m)	ზაზუნა	zazuna
marmota (f)	ზაზუნა	zazuna
toupeira (f)	თხუნელა	tkhunela
rato (m)	თაგვი	tagvi
ratazana (f)	ვირთხა	virtkha
morcego (m)	ღამურა	ghamura
arminho (m)	ყარყუმი	qarqumi
zibelina (f)	სიასამური	siasamuri
marta (f)	კვერნა	k'verna
doninha (f)	სინდიოფალა	sindiopala
vison (m)	წაულა	ts'aula

castor (m)	თახვი	takhvi
lontra (f)	წავი	ts'avi
cavalo (m)	ცხენი	tskheni
alce (m)	ცხენ-ირემი	tskhen-iremi
veado (m)	ირემი	iremi
camelo (m)	აქლემი	aklemi
bisão (m)	ბიზონი	bizoni
auroque (m)	დომბა	domba
búfalo (m)	კამეჩი	k'amechi
zebra (f)	ზებრა	zebra
antílope (m)	ანტილოპა	ant'ilop'a
corça (f)	შველი	shveli
gamo (m)	ფურ-ირემი	pur-iremi
camurça (f)	ქურციკი	kurtsik'i
javali (m)	ტახი	t'akhi
baleia (f)	ვეშაპი	veshap'i
foca (f)	სელაპი	selap'i
morsa (f)	ლომვეშაპი	lomveshap'i
urso-marinho (m)	ზღვის კატა	zghvis k'at'a
golfinho (m)	დელფინი	delpini
urso (m)	დათვი	datvi
urso (m) branco	თეთრი დათვი	tetri datvi
panda (m)	პანდა	p'anda
macaco (em geral)	მაიმუნი	maimuni
chimpanzé (m)	შიმპანზე	shimp'anze
orangotango (m)	ორანგუტანი	orangut'ani
gorila (m)	გორილა	gorila
macaco (m)	მაკაკა	mak'ak'a
gibão (m)	გიბონი	giboni
elefante (m)	სპილო	sp'ilo
rinoceronte (m)	მარტორქა	mart'orka
girafa (f)	ჟირაფი	zhirapi
hipopótamo (m)	ბეჰემოთი	behemoti
canguru (m)	კენგურუ	k'enguru
coala (m)	კოალა	k'oala
mangusto (m)	მანგუსტი	mangust'i
chinchila (m)	შინშილა	shinshila
doninha-fedorenta (f)	თრითინა	tritina
porco-espinho (m)	მაჩვზღარბა	machvzgharba

176. Animais domésticos

gata (f)	კატა	k'at'a
gato (m) macho	ხვადი კატა	khvadi k'at'a
cavalo (m)	ცხენი	tskheni

garanhão (m)	ულაყი	ulaqi
égua (f)	ფაშატი	pashat'i
vaca (f)	ძროხა	dzrokha
touro (m)	ხარი	khari
boi (m)	ხარი	khari
ovelha (f)	დედალი ცხვარი	dedali tskhvari
carneiro (m)	ცხვარი	tskhvari
cabra (f)	თხა	tkha
bode (m)	ვაცი	vatsi
burro (m)	ვირი	viri
mula (f)	ჯორი	jori
porco (m)	ღორი	ghori
leitão (m)	გოჭი	goch'i
coelho (m)	ბოცვერი	botsveri
galinha (f)	ქათამი	katami
galo (m)	მამალი	mamali
pata (f)	იხვი	ikhvi
pato (macho)	მამალი იხვი	mamali ikhvi
ganso (m)	ბატი	bat'i
peru (m)	ინდაური	indauri
perua (f)	დედალი ინდაური	dedali indauri
animais (m pl) domésticos	შინაური ცხოველები	shinauri tskhovelebi
domesticado	მოშინაურებული	moshinaurebuli
domesticar (vt)	მოშინაურება	moshinaureba
criar (vt)	გამოზრდა	gamozrda
quinta (f)	ფერმა	perma
aves (f pl) domésticas	შინაური ფრინველი	shinauri prinveli
gado (m)	საქონელი	sakoneli
rebanho (m), manada (f)	ჯოგი	jogi
estábulo (m)	თავლა	tavla
pocilga (f)	საღორე	saghore
estábulo (m)	ბოსელი	boseli
coelheira (f)	საკურდღლე	sak'urdghle
galinheiro (m)	საქათმე	sakatme

177. Cães. Raças de cães

cão (m)	ძაღლი	dzaghli
cão pastor (m)	ნაგაზი	nagazi
canicho (m)	პუდელი	p'udeli
teckel (m)	ტაქსა	t'aksa
buldogue (m)	ბულდოგი	buldogi
boxer (m)	ბოქსიორი	boksiori

mastim (m)	მასტიფი	mast'ipi
rottweiler (m)	როტვეილერი	rot'veileri
dobermann (m)	დობერმანი	dobermani
basset (m)	ბასეტი	baset'i
pastor inglês (m)	ბობტეილი	bobt'eili
dálmata (m)	დალმატინელი	dalmat'ineli
cocker spaniel (m)	კოკერ-სპანიელი	k'ok'er-sp'anieli
terra-nova (m)	ნიუფაუნდლენდი	niupaundlendi
são-bernardo (m)	სენბერნარი	senbernari
husky (m)	ხასკი	khask'i
Chow-chow (m)	ჩაუ-ჩაუ	chau-chau
spitz alemão (m)	შპიცი	shp'itsi
carlindogue (m)	მოპსი	mop'si

178. Sons produzidos pelos animais

latido (m)	ყეფა	qepa
latir (vi)	ყეფა	qepa
miar (vi)	კნავილი	k'navili
ronronar (vi)	კრუტუნი	k'rut'uni
mugir (vaca)	ბღავილი	bghavili
bramir (touro)	ღმუილი	ghmuili
rosnar (vi)	ღრენა	ghrena
uivo (m)	ყმუილი	qmuili
uivar (vi)	ყმუილი	qmuili
ganir (vi)	წკმუტუნი	ts'k'mut'uni
balir (vi)	ბღავილი	bghavili
grunhir (porco)	ღრუტუნი	ghrut'uni
guinchar (vi)	წივილი	ts'ivili
coaxar (sapo)	ყიყინი	qiqini
zumbir (inseto)	ბზუილი	bzuili
estridular, ziziar (vi)	ჭრიჭინი	ch'rich'ini

179. Pássaros

pássaro (m), ave (f)	ფრინველი	prinveli
pombo (m)	მტრედი	mt'redi
pardal (m)	ბეღურა	beghura
chapim-real (m)	წიწკანა	ts'its'k'ana
pega-rabuda (f)	კაჭკაჭი	k'ach'k'ach'i
corvo (m)	ყვავი	qvavi
gralha (f) cinzenta	ყვავი	qvavi
gralha-de-nuca-cinzenta (f)	ჭკა	ch'k'a
gralha-calva (f)	ჭილყვავი	ch'ilqvavi

pato (m)	იხვი	ikhvi
ganso (m)	ბატი	bat'i
faisão (m)	ხოხობი	khokhobi
águia (f)	არწივი	arts'ivi
açor (m)	ქორი	kori
falcão (m)	შევარდენი	shevardeni
abutre (m)	ორბი	orbi
condor (m)	კონდორი	k'ondori
cisne (m)	გედი	gedi
grou (m)	წერო	ts'ero
cegonha (f)	ყარყატი	qarqat'i
papagaio (m)	თუთიყუში	tutiqushi
beija-flor (m)	კოლიბრი	k'olibri
pavão (m)	ფარშევანგი	parshevangi
avestruz (m)	სირაქლემა	siraklema
garça (f)	ყანჩა	qancha
flamingo (m)	ფლამინგო	plamingo
pelicano (m)	ვარხვი	varkhvi
rouxinol (m)	ბულბული	bulbuli
andorinha (f)	მერცხალი	mertskhali
tordo-zornal (m)	შაშვი	shashvi
tordo-músico (m)	შაშვი მგალობელი	shashvi mgalobeli
melro-preto (m)	შავი შაშვი	shavi shashvi
andorinhão (m)	ნამგალა	namgala
cotovia (f)	ტოროლა	t'orola
codorna (f)	მწყერი	mts'qeri
pica-pau (m)	კოდალა	k'odala
cuco (m)	გუგული	guguli
coruja (f)	ბუ	bu
corujão, bufo (m)	ჭოტი	ch'ot'i
tetraz-grande (m)	ყრუანჩელა	qruanchela
tetraz-lira (m)	როჭო	roch'o
perdiz-cinzenta (f)	კაკაბი	k'ak'abi
estorninho (m)	შოშია	shoshia
canário (m)	იადონი	iadoni
galinha-do-mato (f)	გნოლქათამა	gnolkatama
tentilhão (m)	სკვინჩა	sk'vincha
dom-fafe (m)	სტვენია	st'venia
gaivota (f)	თოლია	tolia
albatroz (m)	ალბატროსი	albat'rosi
pinguim (m)	პინგვინი	p'ingvini

180. Pássaros. Canto e sons

cantar (vi)	გალობა	galoba
gritar (vi)	ყვირილი	qvirili

cantar (o galo)	ყივილი	qivili
cocorocó (m)	ყიყლიყო	qiqliqo
cacarejar (vi)	კაკანი	k'ak'ani
crocitar (vi)	ჩხავილი	chkhavili
grasnar (vi)	ყიყინი	qiqini
piar (vi)	წივილი	ts'ivili
chilrear, gorjear (vi)	ჭიკჭიკი	ch'ik'ch'ik'i

181. Peixes. Animais marinhos

brema (f)	კაპარჭინა	k'ap'arch'ina
carpa (f)	კობრი	k'obri
perca (f)	ქორჭილა	korch'ila
siluro (m)	ლოქო	loko
lúcio (m)	ქარიყლაპია	kariqlap'ia
salmão (m)	ორაგული	oraguli
esturjão (m)	თართი	tarti
arenque (m)	ქაშაყი	kashaqi
salmão (m)	გოჯი	goji
cavala, sarda (f)	სკუმბრია	sk'umbria
solha (f)	კამბალა	k'ambala
lúcio perca (m)	ფარგა	parga
bacalhau (m)	ვირთევზა	virtevza
atum (m)	თინუსი	tinusi
truta (f)	კალმახი	k'almakhi
enguia (f)	გველთევზა	gveltevza
raia elétrica (f)	ელექტრული სკაროსი	elekt'ruli sk'arosi
moreia (f)	მურენა	murena
piranha (f)	პირანია	p'irania
tubarão (m)	ზვიგენი	zvigeni
golfinho (m)	დელფინი	delpini
baleia (f)	ვეშაპი	veshap'i
caranguejo (m)	კიბორჩხალა	k'iborchkhala
medusa, alforreca (f)	მედუზა	meduza
polvo (m)	რვაფეხა	rvapekha
estrela-do-mar (f)	ზღვის ვარსკვლავი	zghvis varsk'vlavi
ouriço-do-mar (m)	ზღვის ზღარბი	zghvis zgharbi
cavalo-marinho (m)	ცხენთევზა	tskhentevza
ostra (f)	ხამანწკა	khamants'k'a
camarão (m)	კრევეტი	k'revet'i
lavagante (m)	ასთაკვი	astak'vi
lagosta (f)	ლანგუსტი	langust'i

182. Amfíbios. Répteis

serpente, cobra (f)	გველი	gveli
venenoso	შხამიანი	shkhamiani
víbora (f)	გველგესლა	gvelgesla
cobra-capelo, naja (f)	კობრა	k'obra
pitão (m)	პითონი	p'itoni
jiboia (f)	მახრჩობელა გველი	makhrchobela gveli
cobra-de-água (f)	ანკარა	ank'ara
cascavel (f)	ჩხრიალა გველი	chkhriala gveli
anaconda (f)	ანაკონდა	anak'onda
lagarto (m)	ხვლიკი	khvlik'i
iguana (f)	იგუანა	iguana
varano (m)	ვარანი	varani
salamandra (f)	სალამანდრა	salamandra
camaleão (m)	ქამელეონი	kameleoni
escorpião (m)	მორიელი	morieli
tartaruga (f)	კუ	k'u
rã (f)	ბაყაყი	baqaqi
sapo (m)	გომბეშო	gombesho
crocodilo (m)	ნიანგი	niangi

183. Insetos

inseto (m)	მწერი	mts'eri
borboleta (f)	პეპელა	p'ep'ela
formiga (f)	ჭიანჭველა	ch'ianch'vela
mosca (f)	ბუზი	buzi
mosquito (m)	კოღო	k'ogho
escaravelho (m)	ხოჭო	khoch'o
vespa (f)	ბზიკი	bzik'i
abelha (f)	ფუტკარი	put'k'ari
mamangava (f)	კელა	k'ela
moscardo (m)	კრაზანა	k'razana
aranha (f)	ობობა	oboba
teia (f) de aranha	აბლაბუდა	ablabuda
libélula (f)	ჭრიჭინა	ch'rich'ina
gafanhoto-do-campo (m)	კალია	k'alia
traça (f)	ფარვანა	parvana
barata (f)	აბანოს ჭია	abanos ch'ia
carraça (f)	ტკიპა	t'k'ip'a
pulga (f)	რწყილი	rts'qili
borrachudo (m)	ქინქლა	kinkla
gafanhoto (m)	კალია	k'alia
caracol (m)	ლოკოკინა	lok'ok'ina

grilo (m)	ჭრიჭინა	ch'rich'ina
pirilampo (m)	ციცინათელა	tsitsinatela
joaninha (f)	ჭია მაია	ch'ia maia
besouro (m)	მაისის ხოჭო	maisis khoch'o
sanguessuga (f)	წურბელა	ts'urbela
lagarta (f)	მუხლუხი	mukhlukhi
minhoca (f)	ჭია	ch'ia
larva (f)	მატლი	mat'li

184. Animais. Partes do corpo

bico (m)	ნისკარტი	nisk'art'i
asas (f pl)	ფრთები	prtebi
pata (f)	ფეხი	pekhi
plumagem (f)	ბუმბული	bumbuli
pena, pluma (f)	ფრთა	prta
crista (f)	ბიბილო	bibilo
brânquias, guelras (f pl)	ლაყუჩები	laquchebi
ovas (f pl)	ქვირითი	kviriti
larva (f)	მატლი	mat'li
barbatana (f)	ფარფლი	parpli
escama (f)	ქერცლი	kertsli
canino (m)	ეშვი	eshvi
pata (f)	თათი	tati
focinho (m)	თავი	tavi
boca (f)	ხახა	khakha
cauda (f), rabo (m)	კუდი	k'udi
bigodes (m pl)	ულვაში	ulvashi
casco (m)	ჩლიქი	chliki
corno (m)	რქა	rka
carapaça (f)	ჯავშანი	javshani
concha (f)	ნიჟარა	nizhara
casca (f) de ovo	ნაჭუჭი	nach'uch'i
pelo (m)	ბეწვი	bets'vi
pele (f), couro (m)	ტყავი	t'qavi

185. Animais. Habitats

hábitat	საცხოვრებელი გარემო	satskhovrebeli garemo
migração (f)	მიგრაცია	migratsia
montanha (f)	მთა	mta
recife (m)	რიფი	ripi
falésia (f)	კლდე	k'lde
floresta (f)	ტყე	t'qe
selva (f)	ჯუნგლები	junglebi

savana (f)	სავანა	savana
tundra (f)	ტუნდრა	t'undra
estepe (f)	ტრამალი	t'ramali
deserto (m)	უდაბნო	udabno
oásis (m)	ოაზისი	oazisi
mar (m)	ზღვა	zghva
lago (m)	ტბა	t'ba
oceano (m)	ოკეანე	ok'eane
pântano (m)	ჭაობი	ch'aobi
de água doce	მტკნარწყლიანი	mt'k'narts'qliani
lagoa (f)	ტბორი	t'bori
rio (m)	მდინარე	mdinare
toca (f) do urso	ბუნაგი	bunagi
ninho (m)	ბუდე	bude
buraco (m) de árvore	ფუღურო	pughuro
toca (f)	სორო	soro
formigueiro (m)	ჭიანჭველების ბუდე	ch'ianch'velebis bude

Flora

186. Árvores

árvore (f)	ხე	khe
decídua	ფოთლოვანი	potlovani
conífera	წიწვოვანი	ts'its'vovani
perene	მარადმწვანე	maradmts'vane
macieira (f)	ვაშლის ხე	vashlis khe
pereira (f)	მსხალი	mskhali
cerejeira (f)	ბალი	bali
ginjeira (f)	ალუბალი	alubali
ameixeira (f)	ქლიავი	kliavi
bétula (f)	არყის ხე	arqis khe
carvalho (m)	მუხა	mukha
tília (f)	ცაცხვი	tsatskhvi
choupo-tremedor (m)	ვერხვი	verkhvi
bordo (m)	ნეკერჩხალი	nek'erchkhali
espruce-europeu (m)	ნაძვის ხე	nadzvis khe
pinheiro (m)	ფიჭვი	pich'vi
alerce, lariço (m)	ლარიქსი	lariksi
abeto (m)	სოჭი	soch'i
cedro (m)	კედარი	k'edari
choupo, álamo (m)	ალვის ხე	alvis khe
tramazeira (f)	ცირცელი	tsirtseli
salgueiro (m)	ტირიფი	t'iripi
amieiro (m)	მურყანი	murqani
faia (f)	წიფელი	ts'ipeli
ulmeiro (m)	თელა	tela
freixo (m)	იფანი	ipani
castanheiro (m)	წაბლი	ts'abli
magnólia (f)	მაგნოლია	magnolia
palmeira (f)	პალმა	p'alma
cipreste (m)	კვიპაროსი	k'vip'arosi
mangue (m)	მანგოს ხე	mangos khe
embondeiro, baobá (m)	ბაობაბი	baobabi
eucalipto (m)	ევკალიპტი	evk'alip't'i
sequoia (f)	სექვოია	sekvoia

187. Arbustos

arbusto (m)	ბუჩქი	buchki
arbusto (m), moita (f)	ბუჩქნარი	buchknari

videira (f)	ყურძენი	qurdzeni
vinhedo (m)	ვენახი	venakhi
framboeseira (f)	ჟოლო	zholo
groselheira-vermelha (f)	წითელი მოცხარი	ts'iteli motskhari
groselheira (f) espinhosa	ხურტკმელი	khurt'k'meli
acácia (f)	აკაცია	ak'atsia
bérberis (f)	კოწახური	k'ots'akhuri
jasmim (m)	ჟასმინი	zhasmini
junípero (m)	ღვია	ghvia
roseira (f)	ვარდის ბუჩქი	vardis buchki
roseira (f) brava	ასკილი	ask'ili

188. Cogumelos

cogumelo (m)	სოკო	sok'o
cogumelo (m) comestível	საჭმელი სოკო	sach'meli sok'o
cogumelo (m) venenoso	შხამიანი სოკო	shkhamiani sok'o
chapéu (m)	ქუდი	kudi
pé, caule (m)	ფეხი	pekhi
boleto (m)	თეთრი სოკო	tetri sok'o
boleto (m) alaranjado	ვერხვისძირა	verkhvisdzira
míscaro (m) das bétulas	არყისძირა	arqisdzira
cantarela (f)	მიქლიო	miklio
rússula (f)	ბღავანა	bghavana
morchella (f)	მერცხალა სოკო	mertskhala sok'o
agário-das-moscas (m)	ბუზიხოცია	buzikhotsia
cicuta (f) verde	შხამა	shkhama

189. Frutos. Bagas

maçã (f)	ვაშლი	vashli
pera (f)	მსხალი	mskhali
ameixa (f)	ქლიავი	kliavi
morango (m)	მარწყვი	marts'qvi
ginja (f)	ალუბალი	alubali
cereja (f)	ბალი	bali
uva (f)	ყურძენი	qurdzeni
framboesa (f)	ჟოლო	zholo
groselha (f) preta	შავი მოცხარი	shavi motskhari
groselha (f) vermelha	წითელი მოცხარი	ts'iteli motskhari
groselha (f) espinhosa	ხურტკმელი	khurt'k'meli
oxicoco (m)	შტოში	sht'oshi
laranja (f)	ფორთოხალი	portokhali
tangerina (f)	მანდარინი	mandarini

ananás (m)	ანანასი	ananasi
banana (f)	ბანანი	banani
tâmara (f)	ფინიკი	pinik'i
limão (m)	ლიმონი	limoni
damasco (m)	გარგარი	gargari
pêssego (m)	ატამი	at'ami
kiwi (m)	კივი	k'ivi
toranja (f)	გრეიფრუტი	greiprut'i
baga (f)	კენკრა	k'enk'ra
bagas (f pl)	კენკრა	k'enk'ra
arando (m) vermelho	წითელი მოცვი	ts'iteli motsvi
morango-silvestre (m)	მარწყვი	marts'qvi
mirtilo (m)	მოცვი	motsvi

190. Flores. Plantas

flor (f)	ყვავილი	qvavili
ramo (m) de flores	თაიგული	taiguli
rosa (f)	ვარდი	vardi
tulipa (f)	ტიტა	t'it'a
cravo (m)	მიხაკი	mikhak'i
gladíolo (m)	გლადიოლუსი	gladiolusi
centáurea (f)	ღიღილო	ghighilo
campânula (f)	მაჩიტა	machit'a
dente-de-leão (m)	ბაბუაწვერა	babuats'vera
camomila (f)	გვირილა	gvirila
aloé (m)	ალოე	aloe
cato (m)	კაქტუსი	k'akt'usi
fícus (m)	ფიკუსი	pik'usi
lírio (m)	შროშანი	shroshani
gerânio (m)	ნემსიწვერა	nemsits'vera
jacinto (m)	ჰიაცინტი	hiatsint'i
mimosa (f)	მიმოზა	mimoza
narciso (m)	ნარგიზი	nargizi
capuchinha (f)	ნასტურცია	nast'urtsia
orquídea (f)	ორქიდეა	orkidea
peónia (f)	იორდასალამი	iordasalami
violeta (f)	ია	ia
amor-perfeito (m)	სამფერა ია	sampera ia
não-me-esqueças (m)	კესანე	k'esane
margarida (f)	ზიზილა	zizila
papoula (f)	ყაყაჩო	qaqacho
cânhamo (m)	კანაფი	k'anapi
hortelã (f)	პიტნა	p'it'na

lírio-do-vale (m)	შროშანა	shroshana
campânula-branca (f)	ენძელა	endzela
urtiga (f)	ჭინჭარი	ch'inch'ari
azeda (f)	მჟაუნა	mzhauna
nenúfar (m)	წყლის შროშანი	ts'qlis shroshani
feto (m), samambaia (f)	გვიმრა	gvimra
líquen (m)	ლიქენა	likena
estufa (f)	ორანჟერეა	oranzherea
relvado (m)	გაზონი	gazoni
canteiro (m) de flores	ყვავილნარი	qvavilnari
planta (f)	მცენარე	mtsenare
erva (f)	ბალახი	balakhi
folha (f) de erva	ბალახის ღერო	balakhis ghero
folha (f)	ფოთოლი	potoli
pétala (f)	ფურცელი	purtseli
talo (m)	ღერო	ghero
tubérculo (m)	ბოლქვი	bolkvi
broto, rebento (m)	ღივი	ghivi
espinho (m)	ეკალი	ek'ali
florescer (vi)	ყვავილობა	qvaviloba
murchar (vi)	ჭკნობა	ch'k'noba
cheiro (m)	სუნი	suni
cortar (flores)	მოჭრა	moch'ra
colher (uma flor)	მოწყვეტა	mots'qvet'a

191. Cereais, grãos

grão (m)	მარცვალი	martsvali
cereais (plantas)	მარცვლეული მცენარე	martsvleuli mtsenare
espiga (f)	თავთავი	tavtavi
trigo (m)	ხორბალი	khorbali
centeio (m)	ჭვავი	ch'vavi
aveia (f)	შვრია	shvria
milho-miúdo (m)	ფეტვი	pet'vi
cevada (f)	ქერი	keri
milho (m)	სიმინდი	simindi
arroz (m)	ბრინჯი	brinji
trigo-sarraceno (m)	წიწიბურა	ts'its'ibura
ervilha (f)	ბარდა	barda
feijão (m)	ლობიო	lobio
soja (f)	სოია	soia
lentilha (f)	ოსპი	osp'i
fava (f)	პარკები	p'ark'ebi

GEOGRAFIA REGIONAL

Países. Nacionalidades

192. Política. Governo. Parte 1

política (f)	პოლიტიკა	p'olit'ik'a
político	პოლიტიკური	p'olit'ik'uri
político (m)	პოლიტიკოსი	p'olit'ik'osi
estado (m)	სახელმწიფო	sakhelmts'ipo
cidadão (m)	მოქალაქე	mokalake
cidadania (f)	მოქალაქეობა	mokalakeoba
brasão (m) de armas	ეროვნული ღერბი	erovnuli gherbi
hino (m) nacional	სახელმწიფო ჰიმნი	sakhelmts'ipo himni
governo (m)	მთავრობა	mtavroba
Chefe (m) de Estado	ქვეყნის ხელმძღვანელი	kveqnis khelmdzghvaneli
parlamento (m)	პარლამენტი	p'arlament'i
partido (m)	პარტია	p'art'ia
capitalismo (m)	კაპიტალიზმი	k'ap'it'alizmi
capitalista	კაპიტალისტური	k'ap'it'alist'uri
socialismo (m)	სოციალიზმი	sotsializmi
socialista	სოციალისტური	sotsialist'uri
comunismo (m)	კომუნიზმი	k'omunizmi
comunista	კომუნისტური	k'omunist'uri
comunista (m)	კომუნისტი	k'omunist'i
democracia (f)	დემოკრატია	demok'rat'ia
democrata (m)	დემოკრატი	demok'rat'i
democrático	დემოკრატიული	demok'rat'iuli
Partido (m) Democrático	დემოკრატიული პარტია	demok'rat'iuli p'art'ia
liberal (m)	ლიბერალი	liberali
liberal	ლიბერალური	liberaluri
conservador (m)	კონსერვატორი	k'onservat'ori
conservador	კონსერვატიული	k'onservat'iuli
república (f)	რესპუბლიკა	resp'ublik'a
republicano (m)	რესპუბლიკელი	resp'ublik'eli
Partido (m) Republicano	რესპუბლიკური პარტია	resp'ublik'uri p'art'ia
eleições (f pl)	არჩევნები	archevnebi
eleger (vt)	არჩევა	archeva

eleitor (m)	ამომრჩეველი	amomrcheveli
campanha (f) eleitoral	საარჩევნო კამპანია	saarchevno k'amp'ania
votação (f)	ხმის მიცემა	khmis mitsema
votar (vi)	ხმის მიცემა	khmis mitsema
direito (m) de voto	ხმის უფლება	khmis upleba
candidato (m)	კანდიდატი	k'andidat'i
candidatar-se (vi)	ბალოტირება	balot'ireba
campanha (f)	კამპანია	k'amp'ania
da oposição	ოპოზიციური	op'ozitsiuri
oposição (f)	ოპოზიცია	op'ozitsia
visita (f)	ვიზიტი	vizit'i
visita (f) oficial	ოფიციალური ვიზიტი	opitsialuri vizit'i
internacional	საერთაშორისო	saertashoriso
negociações (f pl)	მოლაპარაკება	molap'arak'eba
negociar (vi)	მოლაპარაკების წარმოება	molap'arak'ebis ts'armoeba

193. Política. Governo. Parte 2

sociedade (f)	საზოგადოება	sazogadoeba
constituição (f)	კონსტიტუცია	k'onst'it'utsia
poder (ir para o ~)	ხელისუფლება	khelisupleba
corrupção (f)	კორუფცია	k'oruptsia
lei (f)	კანონი	k'anoni
legal	კანონიერი	k'anonieri
justiça (f)	სამართლიანობა	samartlianoba
justo	სამართლიანი	samartliani
comité (m)	კომიტეტი	k'omit'et'i
projeto-lei (m)	კანონპროექტი	k'anonp'roekt'i
orçamento (m)	ბიუჯეტი	biujet'i
política (f)	პოლიტიკა	p'olit'ik'a
reforma (f)	რეფორმა	reporma
radical	რადიკალური	radik'aluri
força (f)	ძალა	dzala
poderoso	ძლევამოსილი	dzlevamosili
partidário (m)	მომხრე	momkhre
influência (f)	გავლენა	gavlena
regime (m)	რეჟიმი	rezhimi
conflito (m)	კონფლიქტი	k'onplikt'i
conspiração (f)	შეთქმულება	shetkmuleba
provocação (f)	პროვოკაცია	p'rovok'atsia
derrubar (vt)	ჩამოგდება	chamogdeba
derrube (m), queda (f)	დამხობა	damkhoba
revolução (f)	რევოლუცია	revolutsia

golpe (m) de Estado	გადატრიალება	gadat'rialeba
golpe (m) militar	სამხედრო გადატრიალება	samkhedro gadat'rialeba
crise (f)	კრიზისი	k'rizisi
recessão (f) económica	ეკონომიკური ვარდნა	ek'onomik'uri vardna
manifestante (m)	დემონსტრანტი	demonst'rant'i
manifestação (f)	დემონსტრაცია	demonst'ratsia
lei (f) marcial	სამხედრო მდგომარეობა	samkhedro mdgomareoba
base (f) militar	ბაზა	baza
estabilidade (f)	სტაბილურობა	st'abiluroba
estável	სტაბილური	st'abiluri
exploração (f)	ექსპულატაცია	eksp'ulat'atsia
explorar (vt)	ექსპულატირება	eksp'ulat'ireba
racismo (m)	რასიზმი	rasizmi
racista (m)	რასისტი	rasist'i
fascismo (m)	ფაშიზმი	pashizmi
fascista (m)	ფაშისტი	pashist'i

194. Países. Diversos

estrangeiro (m)	უცხოელი	utskhoeli
estrangeiro	უცხოური	utskhouri
no estrangeiro	საზღვარგარეთ	sazghvargaret
emigrante (m)	ემიგრანტი	emigrant'i
emigração (f)	ემიგრაცია	emigratsia
emigrar (vi)	ემიგრაცია	emigratsia
Ocidente (m)	დასავლეთი	dasavleti
Oriente (m)	აღმოსავლეთი	aghmosavleti
Extremo Oriente (m)	შორეული აღმოსავლეთი	shoreuli aghmosavleti
civilização (f)	ცივილიზაცია	tsivilizatsia
humanidade (f)	კაცობრიობა	k'atsobrioba
mundo (m)	მსოფლიო	msoplio
paz (f)	მშვიდობა	mshvidoba
mundial	საქვეყნო	sakveqno
pátria (f)	სამშობლო	samshoblo
povo (m)	ხალხი	khalkhi
população (f)	მოსახლეობა	mosakhleoba
gente (f)	ხალხი	khalkhi
nação (f)	ერი	eri
geração (f)	თაობა	taoba
território (m)	ტერიტორია	t'erit'oria
região (f)	რეგიონი	regioni
estado (m)	შტატი	sht'at'i
tradição (f)	ტრადიცია	t'raditsia
costume (m)	ჩვეულება	chveuleba

ecologia (f)	ეკოლოგია	ek'ologia
índio (m)	ინდიელი	indieli
cigano (m)	ბოშა	bosha
cigana (f)	ბოშა ქალი	bosha kali
cigano	ბოშური	boshuri
império (m)	იმპერია	imp'eria
colónia (f)	კოლონია	k'olonia
escravidão (f)	მონობა	monoba
invasão (f)	შემოსევა	shemoseva
fome (f)	შიმშილი	shimshili

195. Grupos religiosos mais importantes. Confissões

religião (f)	რელიგია	religia
religioso	რელიგიური	religiuri
crença (f)	სარწმუნოება	sarts'munoeba
crer (vt)	რწმენა	rts'mena
crente (m)	მორწმუნე	morts'mune
ateísmo (m)	ათეიზმი	ateizmi
ateu (m)	ათეისტი	ateist'i
cristianismo (m)	ქრისტიანობა	krist'ianoba
cristão (m)	ქრისტიანი	krist'iani
cristão	ქრისტიანული	krist'ianuli
catolicismo (m)	კათოლიციზმი	k'atolitsizmi
católico (m)	კათოლიკე	k'atolik'e
católico	კათოლიკური	k'atolik'uri
protestantismo (m)	პროტესტანტობა	p'rot'est'ant'oba
Igreja (f) Protestante	პროტესტანტული ეკლესია	p'rot'est'ant'uli ek'lesia
protestante (m)	პროტესტანტი	p'rot'est'ant'i
ortodoxia (f)	მართლმადიდებლობა	martlmadidebloba
Igreja (f) Ortodoxa	მართლმადიდებლური ეკლესია	martlmadidebluri ek'lesia
ortodoxo (m)	მართლმადიდებელი	martlmadidebeli
presbiterianismo (m)	პრესბიტერიანობა	p'resbit'erianoba
Igreja (f) Presbiteriana	პრესბიტერიანული ეკლესია	p'resbit'erianuli ek'lesia
presbiteriano (m)	პრესბიტერიანი	p'resbit'eriani
Igreja (f) Luterana	ლუტერანული ეკლესია	lut'eranuli ek'lesia
luterano (m)	ლუტერანი	lut'erani
Igreja (f) Batista	ბაპტიზმი	bap't'izmi
batista (m)	ბაპტისტი	bap't'ist'i
Igreja (f) Anglicana	ანგლიკანური	anglik'anuri
anglicano (m)	ანგლიკანელი	anglik'aneli
mormonismo (m)	მორმონობა	mormonoba

mórmon (m)	მორმონი	mormoni
Judaísmo (m)	იუდაიზმი	iudaizmi
judeu (m)	იუდეველი	iudeveli
budismo (m)	ბუდიზმი	budizmi
budista (m)	ბუდისტი	budist'i
hinduísmo (m)	ინდუიზმი	induizmi
hindu (m)	ინდუისტი	induist'i
Islão (m)	ისლამი	islami
muçulmano (m)	მუსულმანი	musulmani
muçulmano	მუსულმანური	musulmanuri
Xiismo (m)	შიიზმი	shiizmi
xiita (m)	შიიტი	shiit'i
sunismo (m)	სუნიზმი	sunizmi
sunita (m)	სუნიტი	sunit'i

196. Religiões. Padres

padre (m)	მღვდელი	mghvdeli
Papa (m)	რომის პაპი	romis p'ap'i
monge (m)	ბერი	beri
freira (f)	მონაზონი	monazoni
pastor (m)	მღვდელი	mghvdeli
abade (m)	აბატი	abat'i
vigário (m)	მღვდელი	mghvdeli
bispo (m)	ეპისკოპოსი	ep'isk'op'osi
cardeal (m)	კარდინალი	k'ardinali
pregador (m)	მქადაგებელი	mkadagebeli
sermão (m)	ქადაგება	kadageba
paroquianos (pl)	მრევლი	mrevli
crente (m)	მორწმუნე	morts'mune
ateu (m)	ათეისტი	ateist'i

197. Fé. Cristianismo. Islão

Adão	ადამი	adami
Eva	ევა	eva
Deus (m)	ღმერთი	ghmerti
Senhor (m)	უფალი	upali
Todo Poderoso (m)	ყოვლისშემძლე	qovlisshemdzle
pecado (m)	ცოდვა	tsodva
pecar (vi)	ცოდვის ჩადენა	tsodvis chadena

pecador (m)	ცოდვილი	tsodvili
pecadora (f)	ცოდვილი ქალი	tsodvili kali
inferno (m)	ჯოჯოხეთი	jojokheti
paraíso (m)	სამოთხე	samotkhe
Jesus	იესო	ieso
Jesus Cristo	იესო ქრისტე	ieso krist'e
Espírito (m) Santo	წმინდა სული	ts'minda suli
Salvador (m)	მხსნელი	mkhsneli
Virgem Maria (f)	ღვთისმშობელი	ghvtismshobeli
Diabo (m)	ეშმაკი	eshmak'i
diabólico	ეშმაკური	eshmak'uri
Satanás (m)	სატანა	sat'ana
satânico	სატანური	sat'anuri
anjo (m)	ანგელოზი	angelozi
anjo (m) da guarda	მფარველი ანგელოზი	mparveli angelozi
angélico	ანგელოზური	angelozuri
apóstolo (m)	მოციქული	motsikuli
arcanjo (m)	მთავარანგელოზი	mtavarangelozi
anticristo (m)	ანტიქრისტე	ant'ikrist'e
Igreja (f)	სამღვდელოება	samghvdeloeba
Bíblia (f)	ბიბლია	biblia
bíblico	ბიბლიური	bibliuri
Velho Testamento (m)	ძველი ანდერძი	dzveli anderdzi
Novo Testamento (m)	ახალი ანდერძი	akhali anderdzi
Evangelho (m)	ევანგელია	evangelia
Sagradas Escrituras (f pl)	წმინდა ნაწერი	ts'minda nats'eri
Céu (m)	ზეციური სამოთხე	zetsiuri samotkhe
mandamento (m)	მცნება	mtsneba
profeta (m)	წინასწარმეტყველი	ts'inasts'armet'qveli
profecia (f)	წინასწარმეტყველება	ts'inasts'armet'qveleba
Alá	ალაჰი	alahi
Maomé	მუჰამედი	muhamedi
Corão, Alcorão (m)	ყურანი	qurani
mesquita (f)	მეჩეთი	mecheti
mulá (m)	მოლა	mola
oração (f)	ლოცვა	lotsva
rezar, orar (vi)	ლოცვა	lotsva
peregrinação (f)	მლოცველობა	mlotsveloba
peregrino (m)	მლოცველი	mlotsveli
Meca (f)	მექა	meka
igreja (f)	ეკლესია	ek'lesia
templo (m)	ტაძარი	t'adzari
catedral (f)	ტაძარი	t'adzari

gótico	გოთიკური	gotik'uri
sinagoga (f)	სინაგოგა	sinagoga
mesquita (f)	მეჩეთი	mecheti
capela (f)	სამლოცველო	samlotsvelo
abadia (f)	სააბატო	saabat'o
convento (m)	მონასტერი	monast'eri
mosteiro (m)	მონასტერი	monast'eri
sino (m)	ზარი	zari
campanário (m)	სამრეკლო	samrek'lo
repicar (vi)	რეკვა	rek'va
cruz (f)	ჯვარი	jvari
cúpula (f)	გუმბათი	gumbati
ícone (m)	ხატი	khat'i
alma (f)	სული	suli
destino (m)	ბედი	bedi
mal (m)	ბოროტება	borot'eba
bem (m)	სიკეთე	sik'ete
vampiro (m)	ვამპირი	vamp'iri
bruxa (f)	ჯადოქარი	jadokari
demónio (m)	დემონი	demoni
espírito (m)	სული	suli
redenção (f)	მონანიება	monanieba
redimir (vt)	გამოსყიდვა	gamosqidva
missa (f)	სამსახური	samsakhuri
celebrar a missa	მსახური	msakhuri
confissão (f)	აღსარება	aghsareba
confessar-se (vr)	აღსარების თქმა	aghsarebis tkma
santo (m)	წმინდა	ts'minda
sagrado	საღმრთო	saghmrto
água (f) benta	წმინდა წყალი	ts'minda ts'qali
ritual (m)	რიტუალი	rit'uali
ritual	რიტუალური	rit'ualuri
sacrifício (m)	მსხვერპლშეწირვა	mskhverp'lshets'irva
superstição (f)	ცრურწმენა	tsrurts'mena
supersticioso	ცრუმორწმუნე	tsrumorts'mune
vida (f) depois da morte	იმქვეყნური სიცოცხლე	imkveqnuri sitsotskhle
vida (f) eterna	მუდმივი სიცოცხლე	mudmivi sitsotskhle

TEMAS DIVERSOS

198. Várias palavras úteis

ajuda (f)	დახმარება	dakhmareba
barreira (f)	წინაღობა	ts'inaghoba
base (f)	ბაზა	baza
categoria (f)	კატეგორია	k'at'egoria
causa (f)	მიზეზი	mizezi
coincidência (f)	დამთხვევა	damtkhveva
coisa (f)	ნივთი	nivti
começo (m)	დასაწყისი	dasats'qisi
cómodo (ex. poltrona ~a)	მოხერხებული	mokherkhebuli
comparação (f)	შედარება	shedareba
compensação (f)	კომპენსაცია	k'omp'ensatsia
crescimento (m)	ზრდა	zrda
desenvolvimento (m)	განვითარება	ganvitareba
diferença (f)	განსხვავება	ganskhvaveba
efeito (m)	ეფექტი	epekt'i
elemento (m)	ელემენტი	element'i
equilíbrio (m)	ბალანსი	balansi
erro (m)	შეცდომა	shetsdoma
esforço (m)	ძალისხმევა	dzaliskhmeva
estilo (m)	სტილი	st'ili
exemplo (m)	მაგალითი	magaliti
facto (m)	ფაქტი	pakt'i
fim (m)	დასასრული	dasasruli
forma (f)	ფორმა	porma
frequente	ხშირი	khshiri
fundo (ex. ~ verde)	ფონი	poni
género (tipo)	სახეობა	sakheoba
grau (m)	ხარისხი	khariskhi
ideal (m)	იდეალი	ideali
labirinto (m)	ლაბირინთი	labirinti
modo (m)	საშუალება	sashualeba
momento (m)	მომენტი	moment'i
objeto (m)	ობიექტი	obiekt'i
obstáculo (m)	დაბრკოლება	dabrk'oleba
original (m)	ორიგინალი	originali
padrão	სტანდარტული	st'andart'uli
padrão (m)	სტანდარტი	st'andart'i
paragem (pausa)	შეჩერება	shechereba
parte (f)	ნაწილი	nats'ili

partícula (f)	ნაწილი	nats'ili
pausa (f)	პაუზა	p'auza
posição (f)	პოზიცია	p'ozitsia
princípio (m)	პრინციპი	p'rintsip'i
problema (m)	პრობლემა	p'roblema
processo (m)	პროცესი	p'rotsesi
progresso (m)	პროგრესი	p'rogresi
propriedade (f)	თვისება	tviseba
reação (f)	რეაქცია	reaktsia
risco (m)	რისკი	risk'i
ritmo (m)	ტემპი	t'emp'i
segredo (m)	საიდუმლო	saidumlo
série (f)	სერია	seria
sistema (m)	სისტემა	sist'ema
situação (f)	სიტუაცია	sit'uatsia
solução (f)	ამოხსნა	amokhsna
tabela (f)	ტაბულა	t'abula
termo (ex. ~ técnico)	ტერმინი	t'ermini
tipo (m)	ტიპი	t'ip'i
urgente	სასწრაფო	sasts'rapo
urgentemente	სასწრაფოდ	sasts'rapod
utilidade (f)	სარგებელი	sargebeli
variante (f)	ვარიანტი	variant'i
variedade (f)	არჩევანი	archevani
verdade (f)	ჭეშმარიტება	ch'eshmarit'eba
vez (f)	რიგი	rigi
zona (f)	ზონა	zona

www.ingramcontent.com/pod-product-compliance
Lightning Source LLC
LaVergne TN
LVHW051343080426
835509LV00020BA/3270
9781784008833